百年大党面对面

BAINIAN DADANG

Mian Dui Mian

中共中央宣传部理论局

学习出版社

人民出版社

出版说明

为进一步深入学习贯彻习近平新时代中国特色社会主义思想和党的十九届六中全会精神，巩固拓展党史学习教育成果，推动党史学习教育常态化长效化，更好用党的百年奋斗重大成就和历史经验增长智慧、增进团结、增加信心、增强斗志，激励人们同心同德、苦干实干，奋进新征程、建功新时代，以优异成绩迎接党的二十大胜利召开，我们在深入调研的基础上，组织中央有关部门和专家学者撰写了2022年通俗理论读物《百年大党面对面》。本书以习近平新时代中国特色社会主义思想为指导，聚焦党的百年奋斗重大成就和历史经验，对13个重大问题进行了深入浅出的回答，力求做到思想深刻透彻，语言生动优美，文风清新自然，形式活泼新颖，可作为广大干部群众、青年学生学习党的历史和开展思想政治教育的重要辅助读物。

中共中央宣传部理论局
2022 年 5 月

目　录

1

千秋伟业百年华章

——为什么建党百年之际我们党要作出第三个历史决议？

　　汹涌澎湃的历史进程从哪里开始，力挽狂澜的时代先锋就从哪里出场。在中华民族跌入黑暗深渊、面临何去何从的重大关头，中国共产党登上历史舞台，犹如划破沉沉夜霾的凌厉闪电。一百年来，党领导人民以"敢教日月换新天"的英雄气概，创造了彪炳史册的历史伟业，书写了中华民族几千年历史上最为恢宏的华彩篇章。站在党百年奋斗的时间节点上，我们深深感慨党为改变民族前途、人民命运、世界进程所建立的伟大功业，由衷赞叹党领导人民开启新的征程、新的事业的壮丽前景，正所谓"其作始也简，其将毕也必巨"。

党的一大代表登嘉兴南湖红船的情景（油画）

千秋伟业国祚绵长，百年华章盛世气象。2021 年 11 月，党的十九届六中全会在北京召开，审议通过《中共中央关于党的百年奋斗重大成就和历史经验的决议》（以下简称《决议》）。全会全景式回顾了中国共产党百年奋斗的光辉历程、伟大成就和宝贵经验，全方位展示了党的十八大以来党和国家事业取得的历史性成就、发生的历史性变革，向全党全国人民发出了为实现第二个百年奋斗目标、实现中华民族伟大复兴不懈奋斗的伟大号召。这是初心不改、使命承担的郑重承诺，是以史为鉴、开创未来的崭新起点。

一 复兴伟业所需　党心民意所向

"观今宜鉴古，无古不成今。"历史是对人类社会过往的记录和诠释，历史活动是螺旋式发展和前进的，对当前和未来具有重要镜鉴作用。在历史的长河中，无论是中国古代的史学巨制《春秋》《史记》《资治通鉴》，还是西方著名史书《荷马史诗》《希腊波斯战争史》《高卢战记》，虽然它们描述的历史事件都早已湮没于浩瀚的史海深处，但至今仍然闪烁着耀眼的智慧光芒，给人以无限的思索和启迪。

重视历史、借鉴历史，是中国共产党在长期实践中形成的优良传统和政治优势。每到重要历史时刻和重大历史关头，我们党都要回顾历史、总结经验，从历史中汲取继续前进的智慧和力量。1945 年党的六届七中全会通过了《关于若干历史问题的决议》，1981 年党的十一届六中全会通过了《关于建国以来党的若干历史问题的决议》。这两个历史决议，都实事求是

庆祝中国共产党成立 100 周年大会隆重举行，天安门广场人海如潮

总结了党的重大历史事件和重要经验教训，在重大历史关头统一了全党思想和行动，对推进党和人民事业发挥了重要引领作用，其基本论述和结论至今仍然适用。

现在，距离第一个历史决议制定已经过去了70多年，距离第二个历史决议制定也过去了40多年。40多年来，党和国家事业大大向前发展了，党的理论和实践也大大向前发展了。恰是百年风华的中国共产党，站在历史与未来的交汇点上，回顾过去，展望未来，全面总结党的百年奋斗重大成就和历史经验特别是改革开放以来的重大成就和历史经验，既有客观需要，也具备主观条件。

事业发展所需。百年潮涌，一心追梦。事业越是伟大，征程越是壮阔，越是道阻且长，越是苦难辉煌。在过去一个世纪里，中国共产党团结带领人民矢志不渝接续奋斗，在民族复兴的征途上凯歌向前，创造了彪炳史册的辉煌业绩，堪称人类发展进步史上最具标志性意义的事件之一。回望过去沧海桑田，展望明天征途漫漫，大势如潮，大道如砥，需要让历史映照现实、远观未来。

团结统一所需。总结历史，在重大问题上达成共识，对于维护全党团结统一至关重要。无论是前两个历史决议"坚持真理、修正错误""拨乱反正、团结一致向前看"，还是这次历史决议"总结历史、把握规律、坚定信心、走向未来"，虽然产生的历史条件、现实背景、时代主题各不相同，但目的都是为了统一思想、统一意志、统一行动。在百年奋斗继往开来的重要时刻，总结重大成就和历史经验，有利于深刻领会"两个确立"的决定性意义，增强"四个意识"、坚定"四个自信"、做到"两个维护"，确保全党全国人民步调一致向前进。

增强本领所需。艰难困苦，玉汝于成。一百年来，我们党历经千锤百炼而朝气蓬勃，很重要的一条就是在总结经验中提高拒腐防变、攻坚克难的本领，在汲取智慧中增强化险为夷的能力。未来道路上，越往前走环境越复杂，任务越艰巨，风险挑战越严峻，"黑天鹅"突如其来，"灰犀牛"不期而至，"大白鲨"难以预料。党领导人民要战胜各种显性的和潜在的风险挑战，就要从历史富矿中挖掘智慧宝藏，以增强推进社会革命和自我革命的本领，提升驾驭复杂局面、化解矛盾问题的水平。

"黑天鹅"事件

"黑天鹅"事件，是指难以预测，但突然发生时会引起连锁反应、带来巨大负面影响的小概率事件。它存在于自然、经济、政治等各个领域，虽然属于偶然事件，但如果处理不好就会导致系统性风险，产生严重后果。

知识通鉴

"灰犀牛"事件

"灰犀牛"事件，是指明显的、高概率的却又屡屡被人忽视、最终有可能酿成大危机的事件。它在社会各个领域都会出现，发酵之前往往不被重视，以致错失了最好的处理或控制风险的时机，最后可能导致极其严重的后果。

"大白鲨"事件

"大白鲨"事件，是用来描述非常态事件的又一概念，这类事件通常介于"黑天鹅"事件和"灰犀牛"事件之间，在一定范围内普遍存在，破坏力较强，发生的概率较大，可以推测其概率分布，但不知道何时会发生。

二 成就彪炳史册　经验映照未来

中国共产党历史展览馆，一座全景式呈现党百年奋斗历程的光辉丰碑，一座史诗般传承党百年红色基因的精神殿堂。在展览馆靠前位置的展柜里，党的一大通过的《中国共产党第一个纲领》（俄文本和中译本）格外引人注目。这份不到900字、甚至条目还有遗漏的文件，称得上是中国共产党的"出生证"。在一百年前的中国，各种政治团体层出不穷，中国共产党的诞生似乎不那么起眼，很少有人预想到能够成就今天这样的历史伟业。

一百年来，中国共产党领导人民经过顽强奋斗，在历史洪

中国共产党历史展览馆

流中扭转民族命运，迎来了从落后时代、跟上时代再到引领时代的伟大跨越，创造了中华民族历史上惊天地、泣鬼神的伟大奇迹，绘就了人类发展史上的壮美画卷。特别是党的十八大以来，以习近平同志为核心的党中央，团结带领全党全国各族人民砥砺前行、开拓创新，在中华大地上全面建成小康社会，推动党和国家事业开创崭新局面，中国特色社会主义显示出强大生机活力，中华民族迎来了从站起来、富起来到强起来的伟大飞跃。这一百年奋斗取得的伟大成就，足以载入中华民族发展史、世界社会主义发展史、人类社会发展史。

"欲知大道，必先为史。"《决议》既总结历史、回顾既往，

史海钩沉

《中国共产党第一个纲领》

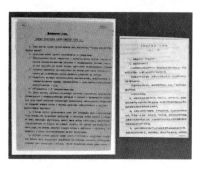

《中国共产党第一个纲领》，是1921年党的一大通过的第一个党的正式文件，规定了党的名称、性质、任务、纲领、组织和纪律等。党成立不久，由于中央机关遭到敌人的搜查和破坏，党的一大的相关文件被损毁遗失。1956年12月，苏联把原中共驻共产国际代表团的档案移交我国，其中有俄文版的《中国共产党第一个纲领》。经反复鉴定比对，这份俄文版文件确认属实。自此，《中国共产党第一个纲领》得以与世人见面。图为党的一大纲领俄文本和中译本。

又致敬历史、面向未来，以贯通百年的历史巨眸、纵横四海的宏阔视野，从历史逻辑、理论逻辑、实践逻辑的结合上，系统阐述了党领导人民在各个历史时期创造的伟大成就，深刻揭示了党百年奋斗的历史意义和历史经验，重点总结了新时代党和国家事业的重大成就和新鲜经验，鲜明提出了新时代中国共产党人的使命担当和行动价值。这份3万多字、7个部分的中国共产党纲领性文献，称得上党百年奋斗所有成就、所有经验的"集大成"和"精华版"。

全面展示和重点突出有机结合。龙衮九章但挈一领。《决议》以跨越百年的历史长镜头，全过程回溯党领导人民在各个历史时期的主要任务和历史进程，浓缩式概括百年奋斗的历史意义和历史经验，集中反映了一百年来我们党领导人民开辟的伟大道路、创造的伟大事业、取得的伟大成就。在此基础上，《决议》将镜头聚焦我们正在做的事情，突出中国特色社会主义新时代这个重点，用较大篇幅总结党的十八大以来的原创性思想、变革性实践、突破性进展、标志性成果，引导全党全国各族人民进一步坚定信心，以更加昂扬的姿态奋进新征程、建功新时代。

伟大意义和历史经验交相辉映。提炼历史意义、总结历史经验，都是人们认识世界的重要思想活动，对于以史为鉴、增长智慧具有积极的作用。《决议》以宏阔的视角，从中国人民、中华民族、马克思主义、人类进步事业、马克思主义政党建设5个维度，精辟论述了党百年奋斗的重大政治意义、理论意义、实践意义、世界意义。同时，《决议》从世界观和方法论的高度，抓住影响党和国家事业发展的决定性因素，系统归纳了10个方面的历史经验，深刻揭示了党领导人民不断从胜利走向胜利的根本原因和深层密码。历史意义和历史经验相得益彰、相辅相成，进一步厚植了党和人民的精神财富，丰富和发展了强党强国的思想宝库。

实践发展和理论创新相互贯通。伟大的实践催生伟大的理论，伟大的理论引领伟大的实践。中国共产党的一百年，是高擎思想火炬、奋力改造山河的一百年，是推动马克思主义基

党史学习教育

　　为隆重庆祝中国共产党成立100周年，根据党中央统一部署，从2021年2月开始，在全党深入开展党史学习教育，贯穿党的百年华诞全年。这次学习教育认真贯彻学史明理、学史增信、学史崇德、学史力行的要求，取得重要政治成果、理论成果、实践成果、制度成果，广大党员、干部受到一次全面深刻的政治教育、思想淬炼、精神洗礼，全党历史自觉、历史自信大大增强，党的创造力、凝聚力、战斗力大大提升，达到了学党史、悟思想、办实事、开新局的目的。

本原理同中国具体实际相结合、同中华优秀传统文化相结合的一百年。《决议》把百年奋斗的实践发展线索和理论创新脉络融通起来，讲清楚一百年波澜壮阔的实践为理论创新创造提供了

最丰厚的土壤，讲清楚一百年与时俱进的理论为实践创造指引了最光明的方向。可以说，《决议》是推动马克思主义中国化的"实践论"，是指引中华民族伟大复兴的"真经"。

历史逻辑和现实需要彼此印证。"度之往事，验之来事，参之平素，可则决之。"一切的历史都是当下史、未来学。回顾历史不是为了躺在功劳簿上沾沾自喜，而是站在过往得失的起点上更好地开辟未来。《决议》立足中国共产党始终秉持的初心使命，着眼中国共产党是什么、要干什么这个根本问题，以百年奋斗的历史为镜鉴，从伟大胜利中激发奋进力量，从弯路挫折中吸取深刻教训，达到增长智慧、增进团结、增加信心、增强斗志的目的。从这个意义上说，《决议》可谓是当代中国的"资治通鉴"。

三 把握历史大势　掌握历史主动

从 17 世纪世界最早的政党英国辉格党、托利党成立开始，纵观人类几百年的政党政治历史，在改造旧世界、建立新世界的滚滚洪流中，多少曾经勇立潮头的政党消失了，多少曾经辉煌一时的政党消失了。大浪淘沙，真金方显。只有那些顺应历史大势、把握历史规律、掌握历史主动的政党，才能在潮起潮落中始终立于不败之地，在世事变迁中永葆生机活力。

山东青岛开通"红色巴士"直通教育基地

　　为充分挖掘红色教育资源，自2021年4月起，山东省青岛市党史学习教育"红色巴士"开跑，运行线路以"回眸红色历史，重温光辉岁月"为主题，连接起党史纪念馆、革命烈士纪念馆等10余处红色教育资源，为广大干部群众参观学习提供"移动课堂"和交通服务。图为该市运行中的党史学习教育"红色巴士"。

　　中国共产党之所以饱经风雨沧桑而朝气蓬勃，备受千磨万击还坚忍不拔，就在于党能够穿过历史风云的迷雾，深刻洞察时代发展的大趋势，沿着正确的方向坚定前行。毛泽东同志的不朽名篇《沁园春·雪》，体现了中国共产党人从历史兴衰成败、现实力量消长中把握历史走向的高度自觉。这首词写于1936年年初党中央到达陕北不久，当时中央红军经过长征数百次残酷战斗数量锐减，国民党调集重兵企图形成"围剿"之势。在万分危急的情势下，毛泽东同志洞察到了中日民族矛盾上升为中国社会主要矛盾，中国共产党是抗日的中流砥柱，我们站在了历史正确的一边，坚信革命形势必然会发生有利于我们的根本转变，坚信革命一定能取得最后的胜利。

回望百年漫漫长征路，我们党什么样的困难没有经历过，什么样的挑战没有遭遇过，什么样的环境没有碰到过？可谓是经历了"九九八十一难"。大革命期间，国民党反动派和军阀屠杀了数十万共产党员和革命群众，革命事业危在旦夕；土地革命战争时期，王明"左"倾错误造成的失败，给革命根据地和白区革命力量造成极大损失，革命成果几乎毁于一旦；"文化大革命"十年内乱，使党、国家、人民遭受到新中国成立以来最严重的挫折和损失，教训极其惨痛。但是我们党坚持真理、修正错误，在重大历史关头不迷航、在关键抉择面前不徘徊，始终站在社会进步的一边，顺势而为、主动作为，坚决战胜困难，勇毅走向光明。可以说，我们党在千锤百炼中几度绝处逢生、几度柳暗花明。

今日史记

福建泉州"红色记忆"云展馆实现足不出户学党史

福建省泉州市"红色记忆"云展馆突破时间和空间的限制，采用VR720度环绕画面、3D效果呈现历史物件、"图文展示＋音频播放＋视频解说"等

形式，把该市在长期革命、建设和改革进程中形成的红色资源，活化为可听可看、可读可感的网络传播产品，打造永不落幕的网上红色教育基地。图为该市"红色记忆"云展馆VR场景。

历史贯通着过去、现在和未来。在实现中华民族伟大复兴的征途上，目标从来没有像今天这样接近，前景从来没有像现在这样光明。但越形势大好越充满艰险，越现世安稳越暗藏危机，越接近目标越需要韧劲。新的长征路上，前方还有许多人迹罕至的皑皑雪山、茫茫草地，还有许多前所未有的艰难困苦、风险挑战，还有许多从未有过的干扰破坏、围追堵截，未来充满着希望，也充满着挑战。只有保持坚如磐石的战略定力，锚定目标、主动谋势，才能集聚推动民族复兴的强大能量，创造属于我们这一代人的伟大功业。

历史大势浩浩汤汤，引领而望沛莫能御。实现中华民族伟大复兴，昭示着中华几千年文明发展的必然趋势，蕴含着世界繁荣进步的必然逻辑，是大势所趋、人心所向。走过百年的中国共产党，思想愈加成熟，脚步更加坚定，将以咬定青山不放松的执着奋力实现既定目标，以行百里者半九十的清醒不懈推进中华民族伟大复兴。

1.《中共中央关于党的百年奋斗重大成就和历史经验的决议》,《人民日报》2021年11月17日。

2.习近平:《关于〈中共中央关于党的百年奋斗重大成就和历史经验的决议〉的说明》,《人民日报》2021年11月17日。

2

山河为证岁月为名

——为什么说党的百年奋斗书写了中华民族几千年历史上最恢宏的史诗？

巍巍昆仑，悠悠万世。在人类社会川流不息的历史长河中，在中华文明绵延不绝的漫长时光中，中国共产党的一百年犹如白驹过隙，只是短暂一瞬，却如此深刻地、历史地推动了中华民族发展进程。百年沧海桑田，百年物换星移，党带领人民在中华大地上奏响了气壮山河的豪迈凯歌。忆往昔峥嵘岁月稠，千年故国换了人间，伟大民族复兴在望！

历史，往往需要世事的更迭和时间的冲刷才能看得更清楚。放眼中华民族5000多年的历史，我国多少次改朝换代，虽然也曾出现过像成康之治、文景之治、贞观之治、开元盛世、康乾盛世这样的所谓"盛世"，但广大人民的悲惨地位始终没有改变，更多是世事多艰、民生困苦。今日之中华，山河锦绣、国泰民安，处处生机勃勃，处处安乐祥和，呈现出四海升平、万象更新的煌煌气象。我们可以自信豪迈地说，这盛世，光耀神州，流芳千载。

一 初心使命矢志不渝

建党为了谁、建党为什么，是对一个政党立党兴党强党最缘起的叩问，本质上揭示了政党安身立命之本和存亡发展之道。资产阶级政党作为人类社会最早的政党形式，是在反对封建专制过程中产生的，可能会在政治倾向、利益派别、主张观点、路线政策上有所差别，但总体上都代表资产阶级的利益，是为了建立以资本为中心的政治秩序。尽管现实中"驴象之争"闹得不可开交，不同党派争得"鸡飞狗跳"，但最后不论谁胜出、谁上台，都是资本说了算，永远是"金主爸爸"在操控。

无产阶级政党是作为资产阶级政党的对立面而出现的，其最初的政治任务就是为了推翻资产阶级的反动统治，建立无

"四史"宣传教育

从 2021 年 5 月开始，党史、新中国史、改革开放史、社会主义发展史"四史"宣传教育在全社会广泛开展起来，同党史学习教育有机结合，相互促进、相得益彰，教育引导人们知史爱党、知史爱国，坚定不移听党话、跟党走。

产阶级专政，改变人剥削人、少数人占有财富的状况，实现和维护最大多数人的利益。在受西方列强侵略的殖民地半殖民地国家，无产阶级政党肩负着双重的政治任务，在打倒本国反动统治阶级、实现人民解放的同时，也要完成国家独立、民族振兴的历史使命。正如共产国际第七次代表大会指出的：在殖民地和半殖民地国家，共产党和工人阶级的首要任务，在于建立广泛的反帝民族统一战线，为驱逐帝国主义和争取国家独立而斗争。

旧中国的情况更加复杂，处于半殖民地半封建社会，背负三座大山的沉重压迫，轮番遭受封建地主阶级的欺压、帝国主义的蹂躏、官僚资本主义的压榨，人民苦难十分深重，何谈尊严与人格。"东亚病夫"的帽子、"华人与狗，不得入内"的牌子轻蔑至极，对曾经灿烂辉煌的伟大民族、对崇尚自尊自爱的炎黄子孙伤害性极大、侮辱性极强。"四万万人齐下泪，天涯何处是神州"。人民要解放、民族要复兴，成为那个时代最深沉的呐喊。

在中国人民和中华民族的觉醒年代，中国共产党横空出世，犹如林中的响箭、报春的惊雷，震醒了沉寂已久的中华大地，勇敢地担负起为中国人民谋幸福、为中华民族谋复兴的历史责任。这个初心使命是中国共产党建党的价值基点和实践原点。一百年来，中国共产党"向往你的向往，幸福你的幸福"，一切奋斗、一切创造都是为了笃定守护这个初心、接续完成这个使命。纵观人类几千年的政治发展史，没有哪个政治力量，能够像中国共产党这样，为了兑现对人民的承诺，为了曾经立下的铮铮誓言，付出如此巨大的努力，作出如此巨大的牺牲。

人最宝贵的是生命。我们共产党人为了践行初心使命，甘愿牺牲一切，甚至包括生命。有实物可查最早的党员入党誓词仅有 24 个字，开头 4 个字就是"牺牲个人"，现在的入党誓词强调"随时准备为党和人民牺牲一切"。"牺牲"二字贯穿党百年奋斗的历史，集中体现我们党为了初心使命在所不惜、万死不辞的坚定意志和决心。革命年代，多少先辈为了民族和人民的解放事业，前赴后继、舍生取义。陈延年"革命者光明磊落、视死如归，只有站着死，绝不跪下"、瞿秋白"此地正好，开枪吧"、赵一曼"未惜头颅新故国，甘将热血沃中华"、刘胡兰"怕死不当共产党"……和平时期，多少英雄为了国家富强和民族复兴，鞠躬尽瘁、死而后已。雷锋"把有限的生命投入到无限的为人民服务之中去"、焦裕禄"生也沙丘，死也沙丘"、孔繁森"一腔热血洒高原"、黄文秀"将生命定格在扶贫路上"……万千英烈、万千忠骨"一寸山河一寸血、一抔热土一抔魂"，用生命和热血熔铸成了初心使命的鲜红底色，生动诠释了中国共产党人"生的伟大，死的光荣"的崇高追求。

史海钩沉

有实物可查最早的入党誓词

中国共产党有实物可查最早的入党誓词，是土地革命战争时期江西省永新县农民贺页朵1931年写在一块土布上的，内容是："牺牲个人，言（严）首纵（守）（秘）蜜（密），阶级斗争，努力革命，伏（服）从党其（纪），永不叛党。"

一百年中国共产党的行动价值雄辩证明，没有中国共产党，就没有中国人民前途命运的根本改变，就没有中华民族伟大复兴。中华民族和中国人民选择了中国共产党，中国共产党没有辜负人民的期望、没有辜负民族的重托。

二 理想信念九死不悔

信仰，探究和解决的是人的终极问题。在人类社会从蒙昧走向文明的过程中，信仰始终是萦绕人的精神生活的永恒话题。在人类生产力落后、科技不发达、认知水平低下的古代，信仰或被诉诸"普度众生"的宗教，或被诉诸"承接天命"的帝王，或被诉诸"超然尘世"的神话，或被诉诸"神秘诡异"的传说……这些让人在面对现世苦难的时候，在一定程度上给人以精神的安慰、心灵的寄托。

生活在 19 世纪欧洲的马克思恩格斯深深认识到，把人们带离苦难的，不是中世纪的宗教，人匍匐于神的脚下只能得到暂时的麻痹，不能解决现实问题。但资本主义的发展并没有让人的尊严和价值得到维护，"资本来到世间，从头到脚，每个毛孔都滴着血和肮脏的东西"，在创造巨大物质财富的同时对绝大多数人造成了自我的异化和心灵的创伤。马克思恩格斯在深刻考察人类精神活动规律的基础上，把此岸世界和彼岸世界、现实社会和理想社会、必然王国和自由王国结合起来，创

"唱支山歌给党听"大家唱群众歌咏活动

2021 年 4 月至 10 月，文化和旅游部组织开展"唱支山歌给党听"大家唱群众歌咏活动，发布了 100 首推荐曲目，涵盖革命、建设、改革各个时期，让广大人民群众在歌声中重温百年党史，热情讴歌中国共产党的伟大历程和丰功伟绩。图为活动启动仪式、活动中的学生。

立了科学社会主义学说，指出人类可以通过社会主义运动，最终达到共产主义理想社会。在共产主义信仰的感召下，全世界无产者为了最壮丽、最正义的解放事业，为了最美好、最崇高的远大理想而不懈奋斗。

中国共产党是为了共同的理想信念走到一起的，而不是因为利益结成的政治团体。我们党之所以叫共产党，是因为从成立之日起就把共产主义写在自己的旗帜上，作为矢志不渝追求的远大理想。1961 年 9 月，毛泽东同志接见英国陆军元帅蒙哥马利。蒙哥马利问："你们为什么把自己党叫做共产党，而

全国党史知识竞赛

全国党史知识竞赛由党史学习教育官网和人民网联合举办，持续时间从2021年5月至9月，聚焦党中央关于开展党史学习教育的重要精神和决策部署，旨在通过学习竞赛形式普及党史知识，营造比学赶超氛围，为广大干部群众了解党的奋斗历史、学习党的基本知识提供平台。图为全国党史知识竞赛总决赛现场。

不叫社会党呢？"毛泽东同志回答："因为共产主义是我们的最高目标。"可以说，共产主义是我们党所有奋斗、所有努力的最终旨归。

一百年来，中国共产党经千难而百折不挠、历万险而矢志不渝，虽千万人吾往矣，虽九死其犹未悔，靠的就是对共产主义和社会主义至坚的信念、至真的信仰。塑造军魂的三湾改编，让旧军队脱胎换骨，靠的不是高官厚禄，不是威逼胁迫，而是用革命的理想来凝聚人心，用信仰的力量来重塑队伍。革命圣地延安高耸的宝塔山，这座红色信仰的精神坐标，让千千万万热血青年魂牵梦绕、心驰神往，"打断骨头连着筋，扒了皮肉还有心，只要还有一口气，爬也要爬到延安城"。解放战争中上百万国民党军队一经我们党的思想政治教育，在党的革命理想和政治主张的影响下，毅然弃暗投明、获得新生。20 世纪八九十年代世界社会主义运动陷入低潮时，中国能够顶住冲击，把社会主义旗帜举住了、举稳了，根本的一条就是对共产主义理想和社会主义信念的笃行不怠。

理想信念坚不坚定，要看危急关头能不能豁得出来、冲得上去，干扰面前能不能站稳立场、坚若磐石。党的十八大以来，面对党和国家事业前所未有的复杂性和艰巨性，针对党员干部思想的现实状况，习近平总书记把坚定理想信念摆在极端重要的位置，将其比喻成共产党人的"精神之钙"，反复强调要炼就"金刚不坏之身"，挺起共产党人的精神脊梁，为进行具有许多新的历史特点的伟大斗争提供强大精神力量。

革命理想高于天。中国共产党一百年对理想信念的矢志追求，是灵魂升华的壮阔航程，是精神洗礼的伟大远征。无数共产党人在信仰灯塔的指引下踔厉奋发，尽管他们知道，自己追求的理想并不一定在自己手中实现，但他们坚信，人类最美好的崇高信仰必定会变为现实。

三 历史任务接力推进

"江山留胜迹，我辈复登临。"伟大的历史之所以伟大，就在于每一代人都镌刻下深深的印记。一个时期有一个时期的历史使命和任务，一代人有一代人的历史担当和责任。历史的发展是整体性、连续性、阶段性的统一，是目标导向、实践导向、价值导向的统一，是同时代的需要、现实的问题、人民的呼声紧密联系在一起的。

中华民族是在西方侵略者的枪炮声中进入近代历史的，在内外多重压迫之下，遭受的屈辱之大、劫难之深、变动之烈，在人类历史上都是罕见的。为了救民族、国家、人民于水火，各种政治力量竞相登场，尽管动机各有不同，努力程度各有深浅，但客观上都是在为民族寻找一条出路。在救亡图存的苦苦探索中，越来越多的中国人认识到，要实现中华民族伟大复兴，必须推翻帝国主义、封建主义、官僚资本主义的联合统治，争取民族独立、人民解放，进而实现国家富强、人民幸福。

面对封建主义几千年的沉重枷锁、西方列强碾压式的发展代差，要冲出牢笼、摆脱压迫，要除旧布新、重整山河，非最先进、最坚决的革命力量不能完成。这一伟大任务历史性地落到了用马克思主义武装起来的中国共产党身上。一百年来，中国共产党团结带领人民为了实现民族复兴的历史宏愿，围绕争取民族独立、人民解放和实现国家富强、人民幸福，前赴后继、接续奋斗，铸就了中华民族涅槃重生进程中的一座座丰碑。

"咬定青山不放松"，锚定一个主题接力推进。实现中华民族伟大复兴，是一个多世纪以来中国历史发展的必然逻辑，是一百年来中国共产党领导人民全部奋斗的鲜明主题。实现中华民族伟大复兴好比一场接力赛，从"创造根本社会条件"到"奠定根本政治前提和制度基础"，从"提供充满新的活力的体制保证和快速发展的物质条件"到"朝着实现中华民族伟大复

今日史记

"永远跟党走"群众性主题宣传教育活动

为在全社会营造庆祝建党100周年的浓厚氛围，从2021年4月开始，全国各地广泛开展"永远跟党走"群众性主题宣传教育活动，通过文艺汇演、志愿服务、观摩体验等形式，大力唱响共产党好、社会主义好、改革开放好、伟大祖国好、各族人民好的时代主旋律。

兴的宏伟目标继续前进"，一棒接着一棒跑，一程续着一程进，伟大梦想一步步照进现实。今天，我们行进在民族复兴的伟大征程上，前景光明但前路艰险，更需要风雨无阻向前进，为之持续奋斗、顽强奋斗、不懈奋斗。

"前波浪伏后波起"，承接两大任务接力推进。"破坏一个旧世界、建设一个新世界"，揭示了马克思主义唯物史观关于社会发展进步的一般规律，是生产力和生产关系、经济基础和上层建筑矛盾运动的必然要求。我们党团结带领人民经过 28 年的浴血奋战，打败了各种落后的、腐朽的反动势力，彻底结束了旧社会的黑暗历史，实现了民族独立、人民解放，为迎来一个光明的新社会铺平了道路；经过 70 多年的不懈努力，把一个"真干净的白茫茫大地"建成了"了不起的红火火中国"，锦绣中华处处呈现出一派欣欣向荣的景象，国家富强、人民幸福正在稳稳地实现。前后两大历史任务紧密关联、无缝衔接，共同致力于为国家、民族和人民创造美好未来。

"一山放出一山拦"，抓住三大矛盾接力推进。任何社会都充满着矛盾，旧的矛盾解决了，新的矛盾又会出现，社会就是在不断解决矛盾中进步的。在不同历史时期，我们党都会准确判断社会主要矛盾，并以此作为推进事业发展的出发点和着力点。无论是"帝国主义和中华民族的矛盾、封建主义和人民大众的矛盾"，"人民日益增长的物质文化需要同落后的社会生产之间的矛盾",还是"人民日益增长的美好生活需要和不平衡不充分的发展之间的矛盾",都是不同历史条件下中国具体实际和社会特征的集中体现,反映了时代迫切需要解决的主要问题。正是在依次解决这三大矛盾中,中华民族迎来了从站起来、富起来到强起来的伟大飞跃。

"不尽长江滚滚来",贯穿四个阶段接力推进。纵观世界历史,任何国家和民族由贫穷赢弱走向繁荣富强,都不是一步完成的,必然经历一个个正向叠加、积厚成势的阶段。欧洲三十年战争之后的德意志崛起,前后超过 200 年,经过长期的探索、统一、发展过程。普鲁士"铁血宰相"俾斯麦曾说:"国家是时间河流上的航船。"在中国共产党的领导下,中华民族复兴的航船把正了航向,顺着时间的河流向前进,

知识通鉴

欧洲三十年战争

欧洲三十年战争,是 1618 年到 1648 年的一次大规模欧洲国家混战,也是历史上第一次全欧洲大战,推动了欧洲民族国家的形成,标志着欧洲近代史的开始。在这场大规模战争中,德意志各邦国 25%—40% 的人口死亡,男性有将近一半死亡。三十年战争后,欧洲各国纷纷建立民族国家,德意志也探索建立一个统一的国家。经过经济、外交、军事上的持续努力,德意志于 1871 年完成了统一。

穿过革命、建设、改革的历史航道，驶向新时代更加宽广、更加壮阔的海域。

四 伟大历程波澜壮阔

距今约5000年前，中华民族的人文始祖炎帝、黄帝，率领先民在黄河流域刀耕火种，自此华夏文明之光肇始。在这片神奇而富饶的广袤土地上，中华民族繁衍生息、辛苦劳作，经历过数不胜数的天灾地孽，遭遇过不计其数的战乱纷争，虽饱经风霜雪雨而坚韧不拔，遍尝深重苦难而百折不挠，用勤劳、

智慧和勇敢创造了世界上唯一不曾断绝的灿烂文明，成为人类发展史上一座令人叹为观止的文明高峰。

自古兴邦多磨难。当中华民族近代遭遇几千年来未有之变局，中国共产党领导人民自强不息、奋起抗争，

不仅没有让绵延不绝的民族亡国灭种，没有让源远流长的文明覆灭中断，而且经过长期艰辛奇崛的奋斗，使中华民族以亘古未有的姿态昂扬屹立于世界东方，使中华文明以璀璨夺目的光彩闪耀于人类文明星空。

这是实现中华民族和马克思主义命运"两个扭转"的伟大历程。一个民族的兴衰从来都是和它的思想支柱紧密相连，一种思想的命运从来都是和信仰它的民族息息相关。马克思主义扭转了近代以后中华民族不断下滑的命运颓势，使其迎来了伟大复兴的光明前景；中华民族扭转了马克思主义"被终结"的命运，使其迸发出更具穿透力和解释力的真理力量。一百年来，中华民族这个最伟大的民族，马克思主义这个最先进的思想，在历史的风云际会中，在时代的激流变幻中，

北京海淀音乐党课"声"入人心

2021 年 5 月，北京市海淀区举办"红星闪闪　薪火相传"音乐党课公开课，通过音乐、视频等多媒体方式，将红色歌曲穿插进学校课堂，让同学们在强烈感受红色音乐艺术魅力中加深对党史的认识和理解。图为该区小学生正在上音乐党课。

实现了命运的交汇交融，共同奏响了一首美奂绝伦的"命运交响曲"。

这是创造经济快速发展和社会长期稳定"两大奇迹"的伟大历程。工业革命以来的历史表明，经济增长往往与殖民侵略、利益瓜分、危机爆发、发展滞胀、社会动荡相伴而行。中国不走帝国主义、殖民主义的强权之路，不走依赖别人、盲从他国的附庸之路，以和平自主、稳定持续的方式发展起来，依靠自己的辛劳和汗水创造美好生活。今天，这头东方雄狮早已从沉睡中醒来，但这是一只和平的、可亲的、文明的狮子，世界为之瞩目和点赞。

这是推进伟大社会革命和伟大自我革命"两个革命"的伟大历程。中国共产党是一个改造客体和改造主体高度统一的革命党，以伟大自我革命引领伟大社会革命，以伟大社会革命促进伟大自我革命。一百年来，在推进社会发展进步的同时，我们党一直在探索跳出治乱兴衰历史周期率的密道。经过长期奋斗特别是党的十八大以来新的实践，我们党在"让人民来监督政府"的基础上给出了第二个答案，这就是自我革命。历史已经并将继续证明，只有"两个革命"同时发力、相互促进，才能确保革命事业兴旺发达、革命力量朝气蓬勃。

这是把握中华民族复兴和世界文明进步"两个大局"的伟大历程。梁启超曾把中国几千年的发展概括为 3 个阶段，即中国之中国、亚洲之中国、世界之中国。过去一百年中国前途命运的深刻改变、中国共产党领导人民谋求民族复兴的历史进程，与世界局势的波谲云诡、跌宕起伏密切相关。不管是面对侵略者的轮番践踏还是面对西方国家的孤立包围，不管是面对敌对势力的颠覆演变还是面对超级大国的霸凌恫吓，党团结带领人民不仅生存下来，还一步步强大起来，发展壮大了自己，也造福了世界。中国共产党的成就和贡献，不仅昭示了一个先进政党、先锋力量对民族的责任，而且彰显了一个百年大党、东方大国对世界的担当。

湖南开展青少年学党史跟党走活动

2021年4月，湖南省启动"回溯百年，薪火'湘'传"青少年学党史跟党走活动，通过文艺展演、诗歌朗诵、情景舞剧、主题宣讲等丰富多彩的形式，展现党的百年奋斗历程和宝贵经验，生动具体地进行党史学习教育，让红色资源活起来，让党史故事活起来，在青少年中掀起了党史学习教育热潮。图为该省青年学生在朗诵毛泽东同志诗词。

　　雄关漫道真如铁，关山初度路犹长。百年辉煌对中国近代历史而言是一个感叹号，对民族复兴伟业而言则是一个逗号。

我们走在民族复兴的大路上，迎着太阳升起的方向，且看苍山如海、风光无限，何惧风云变幻、世事沧桑。

深度阅读

1. 习近平：《在党史学习教育动员大会上的讲话》，《求是》2021年第7期。

2. 习近平：《在庆祝中国共产党成立100周年大会上的讲话》，《求是》2021年第14期。

3. 习近平：《论中国共产党历史》，中央文献出版社2021年版。

3

浴血奋战百折不挠

—— 新民主主义革命伟大胜利是如何夺取的？

革命是历史的火车头，是推动社会剧烈变动的根本力量。纵观人类几千年的文明史，在"顺乎天而应乎人"的政权更迭中，在"一个阶级推翻另一个阶级"的暴力斗争中，革命以不可阻挡之势，牵引着历史车轮滚滚向前。近代以后的中国，无数革命者为建设一个中国人民的新社会和新国家而奋起抗争。伟大的革命是波澜壮阔的，但前进的道路是曲折的。辛亥革命

"无量金钱无量血，可怜购得假共和"，其结局之惨淡之黯然令人扼腕。新民主主义革命在中国共产党的领导下，以扭转乾坤的气象和焕然一新的面貌，开启了中国革命新的征程。

在28年轰轰烈烈的伟大斗争中，为了干成民族独立、人民解放这件大事，中国共产党团结带领人民在千回百转中寻出路，在千难万险中向前进，在千磨万击中夺胜利，付出了无法估量的代价、经历了难以想象的磨难、作出了世所罕见的牺牲。这一"世界革命历史的伟大奇观"，其程度之剧烈、使命之光荣、影响之深远，在人类社会发展史上都是绝无仅有的。70多年后的今天，当我们回望这段荡气回肠、感天动地的壮阔史诗，不禁感慨系之、壮怀激烈。

一 革命洪流立潮头

工人罢工、农民抗租、学生游行、妇女声援……进步力量在集结、在战斗，反动势力在恐慌、在发抖。中国这片压抑许久近乎窒息的大地震颤不已，深埋于人民心中对帝国主义、封建主义的怒火一下子被点燃，以喷薄之势迅速蔓延开来，掀起了一浪高过一浪的大革命狂潮，形成了高歌猛进、排山倒海的浩大声势。从沉默中觉醒起来的人们看到，前景是那么的光明乐观，胜利是那么的触手可及。

发生在20世纪20年代中期的大革命，是中国近代以来社

五卅运动中的民众　　　　　　　省港罢工中的工人

会动员程度最深、波及范围最广的一场革命运动。中国共产党在成立短短几年后，为什么就能够领导推动这样规模和影响的革命运动？为什么革命主张就能够得到绝大多数进步力量的拥护和认同？很重要的一条，就在于党提出了反映人民共同呼声的民主革命纲领，指明了中国革命前进的正确方向。"打倒列强，除军阀"这个最大的公约数，成为当时凝聚中华儿女凯歌向前的最强音符。

"唤起工农千百万，同心干"。毛泽东、邓中夏、彭湃等一批中国共产党人，脱下长衫西服、换上工装短褂，走进工厂矿山，走向田间地头，和工人农民打成一片，宣传革命思想、传播革命主张，启发蕴藏在群众之中的革命觉悟，奋起同外国资本家、封建军阀、土豪劣绅作坚决斗争，在神州大地形成风雷激荡、风驰电掣的革命狂飙。

在当时的中国，列强和军阀"树大根深"，要钱有钱、要枪有枪，可谓权倾一时、一手遮天。要扳倒这个庞大的存在，必须团结一切可以团结的力量，结成最广泛的统一战线，才能

党史一页

民主革命纲领

1922年7月，中国共产党在上海召开了第二次全国代表大会，制定了党的最低纲领和最高纲领。党的最低纲领是消除内乱，打倒军阀，建设国内和平；推翻国际帝国主义的压迫，达到中华民族完全独立；统一中国为真正民主共和国。党的最高纲领是在最低纲领实现之后，建立劳农专政的政治，铲除私有财产制度，渐次达到一个共产主义的社会。图为党的二大会址。

形成最强大的正义力量，把中国革命引向胜利。正是基于此，我们党决定采取积极的步骤，联合孙中山领导的中国国民党。国共合作后，反帝反封建伟大斗争达到了高潮，汇聚成了大革命的滚滚洪流。

在当时大好的革命形势下，可能没有多少人能够预料到危险正在悄悄逼近，汹涌澎湃的洪流前方漩涡在弯处聚拢、暗流在深处涌动。在帝国主义列强的鼓动和支持下，国民党反动派、反动军阀露出了狰狞的面目，大肆捕杀共产党人和革命群众，2万多名党员、近30万名革命群众惨死于敌人血腥的屠刀之下，革命事业陷入一片腥风血雨的白色恐怖之中。毛泽东同志后来痛心地说，"被人家一巴掌打在地上，像一篮鸡蛋一样摔在地上，摔烂很多"。由于当时党内主要领导人犯了右倾机会主义错误，党和人民不能组织有效抵抗，致使大革命遭到惨重失败。

山以险峻成其巍峨，业以磨难成其伟大。革命热情退却之后，人们才清醒地看到，原来敌人躲在"隐秘的角落"，早已伸出难以察觉的罪恶黑手，趁我不备猛然给革命以致命一击，妄图把革命者斩尽杀绝。血淋淋的事实教育了幼年的共产党，无数革命者没有被吓倒，从地下爬起来，揩干净身上的血迹，掩埋好同伴的尸首，化悲痛为力量，重新集合到党的旗帜下，继续投入新的战斗。

四一二、七一五反革命政变

这两次反革命政变是1927年国民党反动派发动的。4月12日，蒋介石在上海发动反革命政变，疯狂捕杀工人和共产党员，至15日上海工人300多人被杀、500多人被捕、5000多人失踪。7月15日，汪精卫等控制的武汉国民党中央召开"分共"会议，彻底同共产党决裂，对共产党员和革命群众进行大逮捕、大屠杀。这就是震惊中外的四一二、七一五反革命政变。图为国民党反动派抓捕共产党员和革命群众。

二 星星火种燎原势

南昌城头打响第一枪，秋收起义、琼崖举事、黄麻烽火、广州激战、闽西斗争、渭华暴动……枪声密集响起，硝烟四处弥漫，共产党人拿起枪杆子进行英勇反击，以城市为中心、城乡联动的全国总暴动迅速推向沸点，武装的革命反对武装的反革命的历史大剧不断上演。在中国革命寻路的艰难历程中，"枪杆子里出政权"是党付出沉重代价后的一次伟大觉醒，自此中国共产党走上了武装夺取政权的革命之路。

"进攻进攻再进攻"，退却就是"动摇"。当时，在共产国际错误思想指导下，党内部分领导人认为只要大规模发动武装起义夺取大城市，就能像十月革命那样一举取得革命胜利。在党内"左"倾盲动错误的推波助澜下，许多共产党人怀着对敌人野蛮屠杀的愤恨和复仇的渴望，产生了一种近乎拼命的强烈

八一南昌起义（油画）

秋收起义（油画）

冲动。事物的发展在错误指导思想和非理性情绪的共同作用下，容易从一个极端走向另一个极端。当时敌我力量过于悬殊，光靠一腔热血是无济于事的，不切实际地盲目蛮干，最终只能招致更惨重的失败。这迫使我们党更加冷静地思考：中国武装革命的正确道路在何方？

在马克思恩格斯的论述中，无产阶级革命的形式是暴力革命，依靠力量是工人阶级，实现路径是在大城市首先爆发，再把革命成果扩散开来，最终推翻资产阶级统治，实现无产阶级专政。这一理论在以往国际共产主义运动中得到印证。1871 年爆发的巴黎公社革命，短暂建立了人类历史上第一个无产阶级政权。1917 年数万工人赤卫队和革命士兵潮水般涌入圣彼得堡冬宫，赢得十月革命的胜利，建立了世界上第一个社会主义国家。从理论和实践上看，无产阶级革命"城市中心论"，似乎是不容置疑的定律。

但中国这样一个半殖民地半封建社会，不可能通过占领中心城市来取得全国胜利。毛泽东同志在认真总结党革命斗争经验后，从中国具体实际出发，提出必须走一条不同于俄国革命的独特道路。他认为，我国城市工人数量相对少，农民占人口绝大多数，反动统治者在农村的控制力量比较薄弱，可以首先在农村建立工农武装割据，积蓄革命力量，在条件成熟时夺取城市，最后赢得全国革命胜利。

真理是不可战胜的，但探寻真理的道路却是坎坷崎岖的。

中华苏维埃共和国临时中央政府旧址

由于"农村包围城市"的革命理论，马克思主义经典作家没有说过，也没有现成的先例可循。共产国际也是持反对意见的。党内一些人产生了"红旗到底打得多久"的疑问，对革命前途抱有悲观情绪。面对这种情况，毛泽东同志以伟人的远见卓识，写下《中国的红色政权为什么能够存在？》《井冈山的斗争》《星星之火，可以燎原》等光辉著作，深刻洞见"农村包围城市、武装夺取政权"道路的正确性，预见中国革命高潮即将到来。他满怀热情地描述中国革命的曙光，"它是站在海岸遥望海中已经看得见桅杆尖头了的一只航船，它是立于高山之巅远看东方已见光芒四射喷薄欲出的一轮朝日，它是躁动于母腹中的快要成熟了的一个婴儿"。

在正确革命理论的指引下，以毛泽东同志开辟的井冈山农村革命根据地为发端，各地革命根据地如雨后春笋般蓬勃发展，红军力量不断壮大。1931年11月，在江西瑞金成立中华苏维埃共和国临时中央政府和中央革命军事委员会。到中央苏区1933年3月取得第四次反"围剿"胜利后，全国形成10余块农村革命根据地，建立4个省级和60多个县级苏维埃政权，红军发展到12万多人，党员人数超过13万。

党的革命事业不断发展，引起了国民党统治集团的极大震惊，紧急调集上百万军队，以对中央苏区的第五次"围剿"为中心，向革命根据地发起规模空前的进攻，企图将红色政权一举歼灭。由于当时党的主要领导人犯了"左"倾教条主义错误，反"围剿"斗争遭遇重大失败。为了保存革命力量，党带领红军不得不进行战略转移，开启艰苦卓绝的漫漫长征，使中国革命之路在历经磨难之后展现出更加光明的前景。

第五次反"围剿"

1933年下半年，蒋介石调集100万军队、200多架飞机，采用"三分军事，七分政治"的方针，向革命根据地发动了第五次"围剿"。在王明"左"倾教条主义错误的影响下，中央红军第五次反"围剿"失败。1934年10月，中央红军主力被迫放弃中央革命根据地，突围转移，开始长征。

红军爬雪山（油画）　　　　　　　红军过草地（油画）

三 抗击日寇显砥柱

日本，在古代一直是中国东边的"蕞尔小国"。但就是这样一个"明治维新"后发迹的岛国，趁中华民族陷入衰落之际，持续发动侵略战争，不断侵食我国国土。甲午战争占我台湾、日俄战争贻害东北、对德宣战强占青岛、策动事变建立伪满、挑起事端染指华北、七七事变全面侵华……通过这一连串操作，妄图"以蛇吞象"，占领全中国，进而实现征服亚洲、称霸世界的野心。

长城内外、大江南北，到处燃起抗日的烽火，中华大地掀起了惊天地、泣鬼神的反侵略战争。中华儿女同仇敌忾、众志

九一八事变日军攻占沈阳　　　　　　七七事变日军攻占卢沟桥

成城，为国家生存而战，为民族复兴而战，为人类正义而战，正面战场节节抵抗，敌后战场步步深入，形成陷敌人于汪洋大海的包围之势，社会动员之广泛、民族觉醒之深刻、战斗意志之顽强、必胜信念之坚定，都达到空前的高度。抗击侵略、救亡图存，成为全体中国人民的共同意志和行动。

开赴抗日前线的八路军和新四军

在波澜壮阔的全民族抗战中，中国共产党以最坚定的态度、最坚决的意志、最勇敢的斗争，成为全民族抗战的中流砥柱。

东北告急、华北告急、中华民族告急……在日本铁蹄加紧践踏我国国土、民族危机空前深重的关头，中国共产党率先高举武装抗日旗帜。1931年九一八事变后，我们党就发表《中国共产党为日本帝国主义强暴占领东三省事件宣言》，揭露日本帝国主义的险恶用心是"使中国完全变成它的殖民地"。面对日本侵略不断加剧、国土日渐沦丧的严峻形势，我们党先后发表"八一宣言"、《中国共产党抗日救国十大纲领》，广泛开展抗日救亡运动，号召全民族共同抗击日本侵略者。这对挺起中华民族脊梁、唤起中华儿女斗志起到了精神引领作用，与国民党当局一度奉行"不抵抗主义"形成鲜明对照。

平型关战役中的八路军战士

百团大战中的彭德怀　　　东北抗日联军的"密营"

　　内战还是救亡、反蒋还是联蒋、敌对还是合作……大敌当前、国难当头，中国共产党以民族大义为重，捐弃前嫌、团结抗日，主张停止内战、一致对外，倡导、建立和维护广泛的抗日民族统一战线。极力促成西安事变和平解决、促使国民党改变"攘外必先安内"的方针，推动国共两党重新合作、改编红军番号加入国民革命军序列、动员全国民众共御外敌……在中国共产党全面抗战的号召下，海内外华夏儿女勠力同心、共赴国难，筑起了中华民族打击日本侵略者的钢铁长城。

　　战略防御、战略相持、战略反攻……针对消极悲观的"亡国论"和盲目乐观的"速胜论"，毛泽东同志在深入分析时代特征和中日特点的基础上，提出了抗日战争是持久战、最后胜利属于中国人民的科学论断，认为这场战争必须经过战略防御、战略相持、战略反攻 3 个阶段，在此过程中人民军队在敌后战场可以发挥游击战、运动战的优势。持久战的战略方针，指明了中国抗日战争的正确方向，坚定了最终战胜日本侵略者的信心和决心。

白山黑水显英豪、平型关下破神话、百团大战壮国威……中国共产党领导下的抗日军民始终是坚持抗战的中坚力量。杨靖宇、赵尚志、左权、彭雪枫等殉国将领，八路军"狼牙山五壮士"、新四军"刘老庄连"、东北抗联八位女战士等英雄群体，为抗战胜利流尽最后一滴血。据不完全统计，八路军、新四军、东北抗日联军和其他人民抗日武装对敌作战 12.5 万余次，战略相持阶段在敌后战场抗击着约 60% 的侵华日军和95% 的伪军，形成对日军占领城镇和交通线的反包围态势，

侵华日军指挥官向中国政府代表呈交投降书（油画）

敌后战场逐渐成为中国人民抗日战争的主战场，为夺取全民族抗战胜利发挥了决定性作用。

四 解放战场凯歌旋

1946 年 6 月，解放战争刚刚开始时，国民党总兵力约 430 万人、正规军约 200 万人，人民解放军总兵力约 127 万人、野战军 61 万人，双方力量对比悬殊。1948 年 9 月，解放战争战略决战前，国民党总兵力减少为 365 万人、一线兵力仅为 174 万人，人民解放军发展到 280 万人、野战军增加到 149 万人，彼此不相上下。短短两年多，到底发生了什么，让国共力量对比有如此大的改变？这似乎是顷刻间发生的，但一切都有迹可循。

领导效力大相径庭。战争是政治的最高表现形式，也是对交战双方政治领导力的集中检验。我们党经过长期的思想政治建设，全党全军在政治上思想上行动上达到空前团结统一，党中央一声令下，人民解放军将士令行禁止，毛主席"指到哪儿打到哪儿"。反观国民党军队，看似阵仗很大、人多势众，实则派系林立、各怀鬼胎，打起仗来阳奉阴违、敷衍塞责，关键时刻各自算计、明哲保身，老蒋"急得上蹿下跳也无济于事"。"一块整钢"对决"一盘散沙"，胜败早已注定。

民心向背显而易见。1949 年五一劳动节，毛泽东同志和柳亚子泛舟颐和园昆明湖上有一段坦诚的对话。柳亚子说，

没有想到胜利会这么快，不
知道毛主席用的是什么妙计。
毛泽东同志答道，打仗没有什
么妙计，人民的支持是最大的
妙计。我们党打江山、求解
放，为的是让人民脱离苦海、

送子参军上前线

过上好日子。一曲民间小调"最后一碗米送去做军粮，最后一
尺布送去做军装，最后一件老棉袄盖在担架上，最后一个亲骨
肉送去上战场"，唱出了人民对共产党的拥护，人民成为坚定
支持我们党的"铁粉"。而国民党代表的是少数官僚资产阶级
和地主阶级的利益，站在广大人民的对立面，民心尽失、民意
尽损，迟早都是要垮台的。

战略决策高下立判。"运筹帷幄之中，决胜千里之外。"战
略问题，历来是军事胜负的根本因素，是古今中外兵家研究的
重大问题。被称为西方"战略学圣经"的克劳塞维茨《战争
论》认为，要赢得以少胜多的战争，必须集中优势兵力在局部

千里跃进大别山

济南战役中英勇战斗的解放军战士

形成以多胜少的态势，从而实现各个击破的战略意图。解放战争中，人民解放军集中优势兵力，消灭敌人的有生力量，不计较一城一地的得失。1947年，刘邓大军千里跃进大别山，一

三大战役

1948年9月至1949年1月，中国人民解放军同国民党军队进行战略决战，发动辽沈、淮海、平津三大战役。辽沈战役从1948年9月开始，东北野战军和地方武装103万人历时52天解放东北全境。淮海战役从1948年11月开始，华东野战军、中原野战军以及部分地方武装共60余万人经过66天，解放长江以北的华东、中原地区。平津战役从1948年11月开始，东北野战军和华北军区第二、第三兵团以及华北、东北军区地方部队共100万人历时64天，使华北地区基本获得解放。图为三大战役中人民解放军胜利进军的场景。

举插进敌人的心脏，整个打乱了国民党军队的部署，达到了"一招落子全盘活"的战略效果，赢得整个战局的主动，堪称解放战争史上的"神来之笔"。

历史大势总是站在正确的一边，伟大事变转折点的到来就是那么迅捷。由此，蒋介石反革命统治不可逆转地走向毁灭。我们党发起了辽沈、淮海、平津三大战役和渡江战役，以摧枯拉朽之势向中南、西北、西南胜利进军，彻底打倒了蒋家王朝，夺取了解放战争的伟大胜利。

革命，只有革命，才能彻底让中国从近代百年屈辱中解脱出来，才能成功开启中国走向新社会的大门。旧制度的罪恶有多么滔天，摧毁旧制度的社会革命就有多么剧烈；旧中国的苦难有多么深重，推翻旧中国的政治力量就有多么伟大。历史和人民选择了中国共产党，中国共产党以改天换地的卓越功勋，无愧于历史和人民的选择。

深度阅读

1.《关于若干历史问题的决议》，人民出版社1953年版。

2.《中国共产党简史》，人民出版社、中共党史出版社2021年版。

4

自力更生发愤图强

——社会主义革命和建设是如何完成和推进的？

一唱雄鸡天下白。从沉睡中苏醒的东方大国重新抖擞，预示着一个伟大民族的凤凰涅槃、浴火重生，源远流长的泱泱古国开启了历史新纪元，久经磨难的中华民族从此站起来了。新中国、新纪元之新，不仅在于国号之新、起点之新，更在于山河之新、气象之新。中华民族、中国人民站起来了，不仅是脊梁挺起来了、腰杆硬起来了，更是精神立起来了、力量强起来了。

那是自立自强、奋发奋斗的时期，那是不畏强敌、保家卫国的年代，那是激情燃烧、豪气冲天的岁月，那是隐姓埋名、默默奉献的日子，那是惊天动地、响彻寰宇的瞬间……从来就没有什么救世主，也不靠神仙皇帝。建设社会主义新中国，创造属于自己的新生活，靠的是自力更生、发愤图强的那一代。

 废墟上获新生

在新旧事物转换的关键阶段，正反力量往往处于激烈的拉锯和胶着状态。新事物大踏步推动历史发展，坚决摧毁前进道路上的障碍阻挠和顽固势力，旧事物不甘心就此退出历史舞台，必定作出最后的疯狂反扑和垂死挣扎。在新民主主义革命胜利已成定局后，面对错综复杂的国内国际环境，党团结带领人民如何建立和巩固新生人民政权，彻底打倒内外压迫者，捍卫来之不易的胜利果实，是中国共产党"进京赶考"面临的第一道重大考题。

70多年前的开国大典，花如海、人如潮，天安门城楼上的毛主席意气风发，朱老总笑意盈盈，周总理潇洒自如……历历在目、恍然如昨。毛主席庄严宣告："中华人民共和国中央人民政府今天成立了。"这句带着浓浓湘音的豪迈话语，在历史的天空中久久回荡、响彻云霄，道出了五万万中国人民当家做主人的胜利喜悦。许多人听到时热泪盈眶、奔走相告。只有历尽灾

难、饱受列强欺凌的中国人，才有刻骨铭心的"翻身感"。如果
不是经历了那么多的屈辱和苦难，如果不了解革命先辈为了这
一天的到来曾付出那么大的代价，是很难理解这种感受的。

新中国已经诞生，但新生的人民政权面对的形势是严峻
的，各种棘手问题从四面八方涌来，是否能站稳脚跟，是否能
管好国家，这在国内相当一部分人心中依然是个疑问，国际上
的一些朋友或敌人也在注视和观望。当时在一些资本家中流传
这样的说法，"共产党军事上100分，政治上80分，经济上
0分"。

摧枯拉朽、势如破竹，坚决肃清残敌。新中国成立时，
国民党反动派在大陆仍有100多万军队盘踞在华南、西南地
区和一些沿海岛屿，有200多万武装土匪藏身山林、为非作

西藏和平解放后人民解放军进入拉萨城

歼，力量不可小觑。人民解放军以雷霆万钧之势，采取大迂回、大穿插、大包围作战方针，对国民党残余军事力量发起最后围歼。同时，在全国开展了大规模的镇压反革命运动，坚决扫清国民党反动派遗留在大陆的反革命残余势力。到1950年10月，共消灭国民党正规军128万余人、反动土匪武装近百万人。1951年10月，西藏获得和平解放。至此，祖国大陆实现完全统一。

打击破坏、恢复秩序，全力稳定经济。当时在战争结束的地区，国民党政府留下的是一个千疮百孔的烂摊子，百业凋敝、物价飞涨，特别是不法分子投机活动异常猖獗，财政经济几近崩溃。有人狂妄叫嚣，"解放军进得了上海，人民币进不了上海""只要控制了两白一黑，就能置上海于死地"。为了迅速稳

知识通鉴

两白一黑

两白一黑，是指大米、棉纱、煤炭等新中国成立初期关系国计民生的重要物资。

会道门

会道门，是指以宗教异端信仰为特征的民间秘密结社组织，因多以会、道、门取名而简称会道门。新中国成立初期，会道门中少数自行瓦解，多数继续活动，有的受敌对势力控制成为反对新生政权的力量。

上海学生游行反对银元投机

定经济秩序，我们党精心领导了一系列稳定物价和统一财经的重大斗争，控制了通货膨胀和物价高涨的局面，破除了财政收支不平衡的状况，在新解放区开展了土地改革运动，使国民经济得到全面恢复和发展。1952年，工农业总产值达到810亿元，比1949年增长77.5%，比新中国成立前最高水平的1936年增长20%。这个胜利让那些怀疑者也不得不心服口服，感叹中国共产党在经济治理上也是有一手的。

涤荡污泥、开展教育，积极倡导新风。新旧社会两重天，旧社会把人逼成"鬼"，新社会把"鬼"变成人。我们党领导人民实行男女权利平等，清除"黄赌毒"，取缔"会道门"，彻底破除旧社会留下的陈规陋习。在全国开展马克思主义群众学习运动，积极倡导新道德新风尚，社会面貌焕然一新，人民政治思想文化水平明显提高。

打扫屋子、另起炉灶，主动打开局面。当时，以美国为首的西方国家对新中国抱着敌视态度，实行孤立和封锁政策，新中国面临的国际环境异常复杂。我们"打扫干净屋子再请客"，废除一系列不平等条约，取消帝国主义在华一切特权。

我们奉行"一边倒"外交方针，先后与苏联和10个人民民主国家建交，与一批亚洲民族主义国家建立正式外交关系，逐步打开了我国外交局面。这一切进行得井井有条，彻底把旧中国的屈辱外交一扫而光，使新中国以崭新的面貌登上世界舞台。

"打得一拳开，免得百拳来。"中国人民志愿军雄赳赳、气昂昂跨过鸭绿江，同朝鲜人民和军队密切配合，首战两水洞、激战云山城、会战清川江、鏖战长津湖、血战上甘岭……经过3年殊死搏斗，战胜武装到牙齿的强敌，打出了国威军威，打出了中国人民的精气神，赢得抗美援朝这场"立国之战"伟大胜利，捍卫了新中国安全，彰显了新中国大国地位。彭德怀同志在《关于中国人民志愿军抗美援朝工作的报告》中豪迈地说，西方侵略者几百年来，只要在东方一个海岸上架起几尊大炮，就可霸占一个国家的时代是一去不复返了。

中国人民志愿军抗美援朝

二 改造中奠基业

中国走社会主义道路，是中国共产党成立时就确定的方向和目标，是中国历史发展的必然逻辑。但在中国这样经济文化十分落后的半殖民地半封建国家，实现社会主义必须分两步走，首先取得反帝反封建的新民主主义革命胜利，然后才能转入社会主义革命。至于花多长时间转入社会主义阶段，需要根据革命实践的具体情况来确定。

新中国成立时，我们党就坚定认为新民主主义必然要过渡到社会主义，当时的设想是经过"相当长久"的时间，估计至少要10年，多则15年或20年。但形势的变化超乎预料，到1952年，我国社会经济形态悄然发生一些转折性变化，社会主义成分在国民经济中大幅增加，进一步把向社会主义过渡明确化、具体化，时机和条件已经成熟。这一切是怎样发生的，为什么会发生？

这是因为，我们没收官僚资本归国家所有，使社会主义国营经济迅速发展和壮大。在国民党统治的旧中国，官僚资本控制着整个国家经济的命脉，掌握着能源、交通、银行等重要领域，而民族资产阶级经济力量相对弱小，主要集中在商业、轻工业等领域，与前者相比，在占比、规模和块头上不可同日而语。新民主主义革命胜利后，全部没收的官僚资本转为国营经济，就使得巨大的经济力量集中到国家手中，使这个没收同时具有了社会主义革命的性质。到 1952 年，国营工业产值在全国工业总产值中比重已达到 56%，国营批发商业的营业额占全国批发商业营业总额的 60%。

这是因为，我们利用和限制私营工商业的发展，已经不同程度地开始了对它们的社会主义改造。新民主主义革命时期，我们党采取了保护民族工商业的基本经济政策，包括利用其积极性因素和限制其消极性因素两个方面。并且，在国民经济恢复时期，为了应对经济领域的干扰破坏和不法行为，帮助私营工商业克服生产困难，国家采取了一系列带有社会主义性质的经济措施，加深了私营工商业同国营经济的联系，使它们在生产关系上发生了明显变化。历史往往就是这样，在时代的洪流中，很多事情好像没有主动地推进，但在大势的作用下就达到这样的结果，自然而然"水到渠成"了。

这是因为，我们提高土改后农村经济的经营效率，促进了

互助组、初级合作社、高级合作社

互助组，是指 20 世纪 50 年代初期，我国农民为了解决农业生产中各自的劳动力、畜力、农具不足的困难，在自愿互利基础上建立的劳动互助组织。初级合作社，是指在互助组的基础上，以个体农民自愿组织起来的半社会主义性质的集体经济组织。高级合作社，是指以主要生产资料集体所有制为基础的农民合作经济组织。

农业合作社社员入社登记

手工业合作社社员入社登记

庆祝公私合营

广大农村农业互助合作的快速发展。农村土地改革完成后，农民分到了土地，但一家一户的分散劳动，生产力水平较低，难以适应工业化对粮食和工业原料的需求，并且容易出现贫富不均的情况。根据当时的认识和经验，人们认为只有组织起来互助合作，才能发展生产、共同富裕。在国民经济恢复时期，简单协作的互助组普遍建立起来，土地入股的初级合作社开始发展，生产资料集体所有的高级合作社也有了若干典型试验。这些农村生产关系的变化，实际上成为农业向社会主义方向发展的最初步骤。

这是因为，我们面临着严峻复杂的国际环境，促使我国尽快开始向社会主义过渡。当时，以美国为首的西方国家对我国军事上进行侵略威胁，政治上敌视围堵，经济上严密封锁，新中国在国际上举步维艰。在恢复经济和"一五"计划建设中，只有苏联大力支持我国，给予资金、人才、技术等方面的援助。加之资本主义国家暴露出诸多问题，发展很不景气，而社会主义国家充满向上发展的活力，显示出更大的优越性。在这种情况下，我们选择向苏联"老大哥"学习，尽快建立和建设社会主义。

《关于建国以来党的若干历史问题的决议》对我国向社会主义过渡的历史必然性，从3个方面作了深入阐释：一、国家的社会主义工业化，是国家独立和富强的当然要求和必要条件；二、国内的主要矛盾已经转为工人阶级和资产阶级之间、社会主义道路和资本主义道路之间的矛盾；三、土改后我国农业发展状况要求个体农业向合作化方向发展。

历史合力在特定的时间和空间内汇聚，共同推动新中国朝着社会主义方向前进。我们党顺应历史趋势、把握历史主动，明确提出过渡时期"一化三改""一体两翼"的总路线，制定实施了第一个五年计划，按计划、有步骤对农业、手工业和资本主义工商业进行社会主义改造，到1956年改造已基本完成，

第一个五年计划

我国的第一个五年计划，简称"一五"计划，1953年开始执行，1957年完成，基本任务是建立社会主义工业化的初步基础。在此期间，我国先后开工建设了1万多个工业项目，实施了一系列重点项目，完成社会主义改造，初步建立起工业体系和国民经济体系。

一化三改、一体两翼

一化三改是党在过渡时期总路线的简称。"一化"是指逐步实现国家的社会主义工业化,"三改"是指逐步实现国家对农业、手工业、资本主义工商业的社会主义改造。一体两翼是对党在过渡时期的总路线的形象比喻,"一体"就是"一化","两翼"就是"三改"。

"一五"计划原定的主要指标大都提前完成了。同时,随着社会主义经济基础的不断巩固,社会主义政治制度、文化制度、社会制度等一系列上层建筑也相应建立起来,初步构建起了社会主义制度大厦的"四梁八柱",我国进入了社会主义阶段。

尽管建设社会主义是一个漫长的历史过程,但这无疑是一个伟大的胜利,党领导人民消灭了一切剥削制度,实现了中华民族有史以来最为广泛而深刻的社会变革,为我国一切进步和发展奠定了根本制度基础。社会主义中国以崭新的面貌,站到了一个新的历史起点上。

三 平地上起高楼

第一辆国产汽车下线、第一座长江大桥通车、第一个大型油田投产、第一台国产电视机诞生、第一颗原子弹爆炸……制

① 1956 年克拉玛依乌尔禾油区在安装井架
② 1956 年第一辆国产解放牌汽车在长春第一汽车制造厂下线
③ 1958 年我国第一台国产电视机诞生
④ 1964 年我国自行制造的第一颗原子弹爆炸成功

造能力从弱到强、产业体系从无到有、工业布局从偏到全、交通运输从点到面，其他事业也实现了零的突破，全面建设社会主义取得了重大成就。石油工人"宁可少活二十年，拼命也要拿下大油田"、国防科技工作者"干惊天动地事，做隐姓埋名人"、农民群众"多壮志，誓把河山重安排"……各行各业的人们豪情万丈、干劲十足，用生命和鲜血定格了一个个奋斗拼搏的画面，构筑起了建设新国家新社会的精神标识。1956 年到 1966 年这十年，是我国社会主义现代化建设奠基立业的十年，很多成就对我国经济社会发展不仅影响一时，而且影响深远，甚至直到今天仍起到基础性作用。

在中国这样一个经济文化十分落后的东方国家建设社会主

义，没有充分的基础条件，没有现成的经验可循，是一件极其艰难的事业。十年成就是在一片废墟上完成的，即便是在前人带路、目标引领、顺风顺水的情况下取得的，也实属不易。何况，这是党带领人民在异常复杂的内外环境中，独立自主探索、边干边试、不断纠偏的情况下取得的，更难能可贵。许多事后看起来十分明白的事情，当时却未必看得清楚。在探索前进的过程中，经常是正确和错误相互交织，在复杂的曲线中推动了历史不断向前发展。

为了避免重蹈苏联模式的覆辙，我们党提出了以苏为鉴、独立探索适合中国国情的社会主义建设道路的方针。毛泽东同志就如何在中国建设社会主义作了深入思考，强调应当从我国国情出发，把马克思列宁主义基本原理同中国具体实际进行"第二次结合"，创造新的理论，写出新的著作。其中，比较有代表性的是《论十大关系》和《关于正确处理人民内部矛盾的问题》，标志着我们党对怎样建设社会主义有了自己新的重要认识。正如毛泽东同志所说的，之前经济建设主要学外国经验，现在开始提出自己的建设路线，有我们自己的一套内容。

为了消除政治生活中的不良倾向，克服官僚主义、宗派主义和主观主义，我们党在全党开展整风运动。然而随着整风运动的深入，极少数人乘机攻击党和社会主义制度，污蔑党的领导地位为"党天下"，要求"轮流坐庄"。这种异常现象引起党的警觉，组织力量反击右派分子进攻。应该说，及时对反党反社会主义的右派分子进行反击，是完全必要的，但由于错误估计形势，导致反右被严重扩大化。这是党的历史上的一大教训。

为了尽快改变国家贫穷落后的面貌，党领导人民力图把建设搞得快一点，以争取更多的主动。但在经济建设中出现了急躁冒进倾向，不切实际地开展"三年赶英、十年超美""人有多大胆，地有多大产"的"大跃进"运动，近乎狂热地掀起"一大二公""共产风"的人民公社化运动高潮。虽然主观愿望是好的，但违背客观规律和事实，结果事与愿违、适得其反。我们党很快发现了这种错误倾向，作出了纠"左"的努力，使形势初步有所好转。但纠"左"进程被随后出现的"反右倾"斗争中断，加之严重自然灾害和苏联援助的中止，我国经济发展雪上加霜、困难重重。为了摆脱困境，我们党决定对国民经济进行调整，并且提出了"四个现代化"的战略目标，把全体人民的力量团结和凝聚到共同奋斗目标上来。

历史是必然和偶然共同作用的结果，但最终一定是必然的。梳理十年建设的发展脉络，看似纷繁复杂、盘根错节，实则起主要作用的是两条线索，一条是党领导人民在探索建设社会主义过程中形成的正确理论和宝贵经验，另一条是实践中出现的错误倾向和深刻教训。从十年的情况看，正确是主要方面，成就是历史主流，错误是次要方面，挫折是历史支流，历史的发展总体上是按照前一条线索演进的。从之后的历史进程看，虽然一段时间内后一条线索暂时占据了主导，导致了"文化大革命"的发生，但历史大势终究战胜错误倾向，前一条线索在遭受重大挫折后爆发出更强大的势能，为新时期中国社会主义开创崭新道路提供历史动力。

四 曲折中有发展

"文化大革命"十年内乱，对中国人民来说是一段无法抹去的痛苦记忆，对中国共产党来说也是一段值得深刻反思的冷峻历史。只有深刻认识它的严重错误和造成的危害，才能真切体悟它结束时人们的喜悦心情。当 1976 年 10 月祸乱已久的"四人帮"被打倒，人民群众欢欣鼓舞、兴高采烈，各地纷纷

首都群众庆祝粉碎"四人帮"

举行盛大集会和游行，控诉反革命集团的滔天罪行，热烈庆贺结束"文化大革命"这一伟大历史性胜利。

这场劫难的发生不是某个人或某几个人的心血来潮，而是有着复杂深刻的社会历史原因。从国际上看，新中国一直处于严峻的国际环境之中，帝国主义长期敌视和封锁我们，试图从内部打开缺口达到"和平演变"的目的，加之苏联在中苏关系破裂后屡屡给中国施加压力，人民政权被外部势力颠覆的危险始终存在。从国内看，我们党是经过长期残酷战争后迅速进入社会主义的，缺乏建设社会主义的经验，容易把战争时期积累下来的阶级斗争经验运用于和平建设时期，通过大规模群众运动的方法来解决面临的问题。在内外部因素的作用下，党和国家事业朝着"左"的方向越走越远，最终酿成了这场大祸。

"文化大革命"是一场由领导者错误发动，被林彪、江青两个反革命集团利用，给党、国家和各族人民带来严重灾难的内乱。在这期间，党的组织和国家政权受到极大削弱，大批干部和群众遭受残酷迫害，民主和法制被肆意践踏，全国陷入严重的政治危机和社会危机，使党、国家、人民遭到新中国成立以来最严重的挫折和损失，教训极其惨痛。

但也要看到，作为政治运动的"文化大革命"与"文化大革命"历史时期是有区别的。这一时期，党和人民同"左"的错误的斗争一直没有停止过，使内乱的破坏受到一定程度的限制，党、人民政权、人民军队和整个社会的性质都没有改变，

三线建设

三线建设，是指 20 世纪六七十年代我国以加强国防为中心的战略大后方建设。这项建设在很大程度上改变了旧中国工业布局不平衡的状况，使一大批当时属于顶尖的军工企业、国有企业、科研院所来到中西部，为中西部地区提供了难得的发展机遇。

社会主义建设在一些领域仍然取得重要进展。特别是三线建设成果引人注目，一批交通运输线、输油管线设施相继建成，国防科技、民用科技业绩显著，对我国经济发展和技术进步起到了重要的促进作用。20 世纪 70 年代上半期，我国外交工作打开新的局面，恢复在联合国合法席位，迎来了新中国成立后第二次建交高潮。到 1976 年年底，与中国建交的国家猛增到113 个，比 1969 年年底增加了一倍多。

在"文化大革命"结束后的两年间，党和国家工作有所恢复和发展，一些领域的拨乱反正已经开始，国家政治生活和社会秩序开始走上正常轨道。但要想短期内消除十年内乱的影响，并非是一件很容易的事，加上受到"两个凡是"的束缚，党和国家工作出现了在徘徊中前进的局面。这个时候，世界经济正快速发展，科技进步日新月异。经历了十年灾难后的人们，急切期待党和国家迅速摆脱困境，迈开大步前进。顺应时代的要求和人民的期待，在邓小平同志亲自领导和推动下，一场关于真理标准问题的大讨论迅速在全党全社会展开，犹如一声惊雷打破沉闷的天空、一阵春风消融寒冬的坚冰，为新时期的到来打开了思想的闸门、提供了理论的先导。

列宁曾形象地比喻，社会主义建设犹如攀登一座崎岖险阻、未经勘探、人迹罕至的高山，根本没有什么早经试验合格的东西。在一个有着特殊国情和悠久历史的东方大国探索一条社会主义建设之路，其困难和曲折是无法想象的。我们陷入过迷茫、但更多是调整纠偏后的坚定，我们遭遇过挫折、但更多是攻破坚壁后的胜利，我们经历过徘徊、但更多是冲破束缚后的破圈，从而使社会主义中国在经受重重考验和磨砺中获得新生、不断升华。

1.《关于建国以来党的若干历史问题的决议》，《人民日报》1981 年 7 月 1 日。

2.《中华人民共和国简史》，人民出版社、当代中国出版社 2021 年版。

5

解放思想锐意进取

——改革开放和社会主义现代化建设
是如何进行的？

"什么是社会主义？怎样建设社会主义？"这个科学社会主义的实践之问，这个马克思主义执政党的使命之问，中国共产党人从未停止回答。新中国成立以后的近30年，党领导人民从平地上夯基垒台、于曲折中艰难探索，在中国大地上建立起社会主义社会，完成那一代中国共产党人的历史责任。进入新时期，党领导人民解放思想、实事求是，在正反经验的镜鉴

中、在内忧外压的形势中，深刻认识到：必须走自己的路，建设有中国特色的社会主义。

在把握历史前进的逻辑中前进，在顺应时代发展的潮流中发展。面对滚滚向前的世界大势，党领导人民开启改革开放的伟大航程，开创、坚持、捍卫、发展中国特色社会主义，使中国大踏步赶上了时代，交出了新时期中国共产党人的历史答卷。同时，我们党不断推进理论创新，创立了邓小平理论、形成了"三个代表"重要思想、形成了科学发展观，形成中国特色社会主义理论体系，指引着改革开放和社会主义现代化建设不断向前。新时期全部理论和实践充分证明：改革开放是决定当代中国前途命运的关键一招，中国特色社会主义道路是指引中国发展繁荣的正确道路。

一 实现了转折 开创了道路

站在时间的长轴上回望过去，一些重要历史时刻因其影响深远而被永远铭记。1978 年 12 月 18 日，在中华民族历史上、

小岗村部分"大包干"带头人合影　　改革开放初期的义乌小商品市场

在中国共产党历史上、在中华人民共和国历史上，都必将是载入史册的重要日子。这一天，我们党召开十一届三中全会，实现新中国成立以来党的历史上具有深远意义的伟大转折，开启了改革开放和社会主义现代化建设的伟大征程。

伟大转折之所以伟大，就在于它打破了曾经被奉为圭臬的思维定式和路径依赖，廓清了长期困扰人们的思想迷雾，开创了充满生机活力的广阔道路。历史事件的意义，往往只有回到发生时的情形中才看得更加真切。很多今天看来不合时宜的做法，在当时是不容置疑的铁律；许多现在来说习以为常的事情，在当时是谈虎色变的禁区。在党和国家何去何从的重大历史关头，以邓小平同志为主要代表的中国共产党人，以洞察历史和把握时代的远见卓识，把"社会主义"和"中国特色"有机结合起来，成功开创了中国特色社会主义道路。

开创这条道路，前提是把准历史方位、标定时代坐标。在过去较长时间里，我们对所处的发展阶段认识不是很清醒，或急于"跑步进入共产主义"，或认为仍是两个阶级激烈斗争的

全国第一张个体户营业执照

全国第一张股票

什么是社会主义初级阶段?

社会主义初级阶段,是指我国在生产力落后、商品经济不发达条件下建设社会主义必然要经过的特定阶段,即从我国进入社会主义到基本实现社会主义现代化的整个历史阶段。这包括两层含义:第一,我国社会已经是社会主义社会;第二,我国的社会主义社会还处在初级阶段。

什么是社会主义本质?

社会主义本质是解放生产力,发展生产力,消灭剥削,消除两极分化,最终达到共同富裕。

什么是社会主义根本任务?

社会主义根本任务是发展生产力,逐步摆脱贫穷,使国家富强起来,使人民生活得到改善。

"过渡时期",从而导致时"左"时右的错误发生。我们党在深刻认识当代中国基本国情的基础上,对我国所处发展阶段作出科学判断,认为社会主义本身是共产主义的初级阶段,而我国处在社会主义的初级阶段,就是不发达的阶段。这是我国社会主义建设的坐标基点、发展原点,党的所有路线方针政策都立足于此来制定和推进。

开创这条道路,根本是坚定政治方向、夯实制度基础。改革不是改旗易帜、改弦更张,有些东西必须要改、不改不行,有些东西坚决不改、不容改变,改了就会丢掉根本、迷失方向。邓小平同志把改革开放称为新的革命，是社会主义制度的自我发展和自我完善，对关系社会主义性质的根本制度，旗帜鲜明地加以坚持和巩固。比如，改革开放过程中必须坚持四项基本原则，即坚持社会主义道路，坚持人民民主专政，坚持中国共产党的领导，坚持马列主义、毛泽东思想。这是中国特色社会主义事业顺利推进的定盘星和压舱石，任何时候都动摇不得、须臾不能游离。

开创这条道路，关键是打破条条框框、大胆改革创新。马克思主义不是教条而是行动指南，必须随着实践的变化而发展。以邓小平同志为主要代表的中国共产党人，从社会主义建设新的实践经验和时代要求出发，澄清一些被搞乱了的理论是非，说出许多老祖宗没有说过的符合客观实际的新话，对社会主义本质、根本任务、发展战略、发展动力等作出了全新论述，用一系列新的思想观点发展了马克思主义。比如，发展才是硬道理、科学技术是第一生产力、社会主义也可以搞市场经济、"三个有利于"判断标准、"两手抓、两手都要硬"、"一个国家、两种制度"，等等。这些言简意赅的鲜活论断，极具穿透力、解释力和实践力，闪烁着马克思主义的真理光芒，指引着中国改革开放航船奋勇向前，成为中国特色社会主义最独特的标识、最亮丽的色彩。

中国特色社会主义道路的开辟，也是世界社会主义运动的重要一步，科学社会主义翻开了从统一模式到特色探索的崭新

什么是"三个有利于"判断标准?

1992年年初,邓小平同志在南方谈话中提出"三个有利于"判断标准,即是否有利于发展社会主义社会的生产力,是否有利于增强社会主义国家的综合国力,是否有利于提高人民的生活水平。

什么是"两手抓、两手都要硬"?

邓小平同志提出"两手抓、两手都要硬",即一手抓物质文明,一手抓精神文明。

什么是"一个国家、两种制度"?

"一个国家、两种制度"是指在一个国家内,实行两种不同的政治、经济和社会制度。在中华人民共和国内,大陆实行社会主义制度,台湾、香港、澳门实行资本主义制度。

一页。如果说过去很长时间内,人们对于什么是社会主义、怎样建设社会主义还不甚了解,自此有了突破性的认识。在中国特色社会主义的前进道路上,新时期中国共产党领导人民沿着勾勒的基本轮廓,朝着描绘的宏伟蓝图,不断开辟改革开放和社会主义现代化建设的新境界。

二 捍卫了旗帜 坚定了方向

纵观过去100多年人类社会发展史,社会主义和资本主义较量此消彼长的态势不断演化,深刻影响着世界格局的走向。

苏联解体后排队买食品的民众　　　东欧剧变中游行的人们

20世纪80年代末90年代初，苏联解体、东欧剧变犹如多米诺骨牌倒塌，世界社会主义陷入低潮，资本主义世界弹冠相庆，全人类的解放事业遭遇至暗时刻。中国等为数不多的社会主义国家处于资本主义的包围之中，就像汪洋大海中的几座孤岛，似乎随时会被吞噬和淹没。国内有的人失去了信心，产生了中国特色社会主义旗帜还能举多久的困惑。西方有人更是妄言：社会主义是20世纪的产物，也必将终结于20世纪。社会主义历史真的就此终结了吗？

惟其艰难，才更显勇毅；惟其笃定，才弥足珍贵。面对国际大气候和国内小气候的双重压力，以江泽民同志为主要代表的中国共产党人在惊涛骇浪的重要历史关头挡住了逆流、稳住了阵脚，从容应对一系列关系我国主权安全的国际突发事件，战胜了在政治、经济领域和自然界出现的困难和风险，经受住一次又一次考验，排除各种干扰，把准了改革开放和社会主义现代化建设的正确航向，成功把中国特色社会主义推向21世纪。

多米诺骨牌

多米诺骨牌是一种木制、骨制或塑料制成的长方体骨牌，按一定间距排列成行，轻轻碰倒第一枚骨牌，其余的骨牌就会产生连锁反应，依次倒下。多米诺骨牌连锁反应，是指在一个相互联系的系统中，一个很小的初始能量就可能产生一系列的连锁反应。

历史终结论

1989 年，美国政治学者弗朗西斯·福山在《历史的终结》中提出了历史终结论。他认为，冷战的结束标志着共产主义的终结，人类政治历史发展已经到达终点，历史的发展只有一条路，即西方的市场经济和民主政治。

顶住了冲击、举住了旗帜。苏共垮台之后，中国这个最大的社会主义国家成为西方实施政权颠覆的重点。他们实行"以压促变"的策略，轮番采用政治围堵、经济制裁、军事威胁、外交孤立、舆论鼓噪等手段向中国发难，无所不用其极逼我们就范，试图让中国放弃中国共产党领导和社会主义制度，妄想使中国步苏联和东欧国家后尘。在国际风云变幻中，党领导人民坚持社会主义初级阶段的基本路线不动摇，成功化解来势凶猛的各种风险挑战，稳住了改革和发展的大局，让社会主义旗帜在中国大地巍然屹立。我们坚决顶住了，始终做到"千磨万击还坚劲，任尔东西南北风"。

完善了制度、举稳了旗帜。社会主义同资本主义的比拼和较量，不仅要与其作坚决的斗争，也要通过改革推进自我完善和发展，使社会主义制度的优越性充分发挥出来。如果不进行改革，就会窒息社会主义的内在生机活力，就会妨碍社会主义比较优势的发挥。党带领人民结合新的实践，把改革作为推动经济社会发展的强大动力，确立了社会主义市场经济体制的改革目标和基本框架，确立了社会主义初级阶段公有制为主体、多种所有制经济共同发展的基本经济制度和按劳分配为主体、多种分配方式并存的分配制度，进一步激发了我国社会主义制度的生命力。我们自己做好了，就能"任凭风浪起，稳坐钓鱼台"。

打开了局面、举高了旗帜。随着改革开放和社会主义现代化建设的深入推进，中国特色社会主义事业不断拓展。在这一时期，我们大力实施科教兴国、可持续发展、人才强国等重大战略，推进经济结构战略性调整，实施西部大开发战略和"走出去"战略，加入世界贸易组织，实施依法治国基本方略，推进社会主义精神文明建设，实现了香港、澳门顺利回归，推

1997 年香港回归　　　　　　　　1999 年澳门回归

进党的建设新的伟大工程，等等。通过一系列战略部署和重大实践，我国在经济、政治、文化、社会建设上取

2001 年加入世界贸易组织

得重要进展，让中国特色社会主义旗帜在世纪之交高高飘扬。我们开创了新局，可谓"且持梦笔书奇景，日破云涛万里红"。

今天我们回过头去看这段历史，可以自信满怀地说，中国特色社会主义大旗不仅没倒，而且紧紧举住了、牢牢举稳了、昂昂举高了，社会主义历史并没有就此终结，而"历史终结论"终结在无可辩驳的事实面前，淹没在奔涌向前的历史大潮中。

三 推动了发展 增强了国力

在绵延展开的历史史册中，每一时期都有深深嵌入历史的标志性符号，从党的十六大到十八大这段时间，科学发展是最具有时代印记的关键词。新世纪新阶段，我国进入发展关键期、改革攻坚期、矛盾凸显期，经济社会发展呈现一系列新的阶段性特征，面临从未有过的新形势、新矛盾和新问题。解决好这些突出矛盾和问题，保持我国经济社会发展良好势头，根本要靠科学发展。

神舟五号载人飞船遨游太空　　　北京夏季奥运会开幕式　　　青藏铁路通车

面对世情、国情、党情深刻变化，以胡锦涛同志为主要代表的中国共产党人，紧紧抓住和用好重要战略机遇期，聚精会神搞建设，一心一意谋发展，坚持以人为本、全面协调可持续发展，全面推进社会主义经济建设、政治建设、文化建设、社会建设，推进党的执政能力建设和先进性建设，创造了科学发展的辉煌业绩，为全面建成小康社会打下了坚实基础，成功在新形势下坚持和发展了中国特色社会主义，把改革开放和社会主义现代化事业推进到新的发展阶段。

经济实力迈上新台阶。2002—2012年，是我国社会生产力、经济实力、科技实力快速跃升的时期，我国国内生产总值从12万多亿元提高到50多万亿元，人均国内生产总值从1000多美元提高到6000多美元，经济总量从世界第六位跃升到第二位，在世界经济格局中占据了举足轻重的地位。载人航天、探月工程、超级计算机等重大科技成果振奋人心，青藏铁路、三峡大坝、南水北调等重大工程捷报频传，战胜非典疫情、抗击特大地震灾害等重大斗争取得胜利，北京夏季奥运会、残奥会等重大活动成功举办……神州大地的面貌快速发生变化。

人民生活迈上新台阶。随着国家经济实力的不断增强，亿万人民的生活水平水涨船高，保障和改善民生的力度不断加大，实现了从温饱到总体小康的历史性跨越。延续几千年的"皇粮国税"成为历史，义务教育阶段学杂费全部免除，社会保障安全网不断织密。到 2012 年，我国各项养老保险参保人数达到 7.9 亿人，各项医疗保险参保人数超过 13 亿人，基本建成了世界上覆盖人口最多的社会保障体系。

①	②
③	④

① 低保户展示最低生活保障金领取证

② 免除学杂费后开心的小学生

③ 免除农业税后欣喜的农民

④ 农村老人领到养老金

南水北调　　　　　　　　　三峡工程　　　　　　　　　西气东输

国际影响迈上新台阶。发展起来的中国，在世界舞台上的影响与日俱增，为世界和平与发展作出越来越大的贡献。我们坚持正确的对外方针和政策，广泛开展双边和多边外交，同世界各国的友好合作关系不断加强。积极参与国际事务，斡旋解决国际争端和冲突，参与应对国际金融危机和欧债危机，发挥了重要的建设性作用。真诚援助第三世界国家，推动在反恐、环保、禁毒、重大疾病防治等领域的国际交流与合作，展现了负责任大国的良好形象。

"看似寻常最奇崛，成如容易却艰辛。"这一时期党和国家事业的快速发展，是我们战胜前进道路上一系列重大挑战的成果。我们办成了一系列举世瞩目的大事喜事，妥善应对突如其来的急事难事，战胜一系列历史罕见的大灾大难，巩固和发展了改革开放和社会主义现代化建设大局。不平凡的历程和生动实践，彰显了中国特色社会主义无与伦比的优越性，增强了中国人民和中华民族的自豪感和凝聚力。

去时不远，记忆犹新。回望新时期 30 多年的历史，我们由衷地感到，这场历史上从未有过的大改革大开放，使中华民族大踏步朝着复兴梦想迈进，使中国特色社会主义展现出旺盛生命力和强大引领力，使世界社会主义在遭遇挫折后重新焕发出蓬勃的生机活力。

深度阅读

1.《改革开放简史》，人民出版社、中国社会科学出版社 2021 年版。

2.《社会主义发展简史》，人民出版社、学习出版社 2021 年版。

6

自信自强守正创新

——中国特色社会主义新时代是如何开创的？

时间的航道上，一个时代超越一个时代，历史发展不断向前，犹如一波浪潮高过一波浪潮，大江东去惊涛拍岸。在中国社会漫长的渐进式发展中，总伴随着一种现象，这种现象有人称之为"跃迁式突变"。中国特色社会主义进入新时代，以其全新的历史方位、时代使命和世间气象，标注了中华民族伟大复兴历史进程的新高度，创造了人类文明发展进步的伟大中国历史时间。

如月之恒，如日之升。站在这个伟大历史时间坐标点上，以习近平同志为主要代表的中国共产党人，以巨大勇气、巨大智慧和巨大力量，团结带领人民豪迈唱响"风卷红旗过大关"的壮丽凯歌，奋力书写"直挂云帆济沧海"的时代华章。置身踔厉奋发、笃行不怠的新时代，我们每个人既是见证者也是参与者，抚摸着时代的脉搏、感受着历史的律动，增添着时代的荣光、创造着历史的精彩。

 新时代判断的科学依据

时代，因其实践背景、主要矛盾、生产状况、精神风貌等特殊差异性，不仅是客观时间概念，更具有社会历史意义。在人类社会从落后走向进步、从蒙昧走向文明的漫长演进中，无

北京大兴国际机场

中国高铁

上海自贸试验区

丝路金桥

论是以生产方式革命为标志的石器时代、农耕时代、蒸汽时代、电气时代、信息时代，还是以生产活动变迁为特征的前全球化时代、大航海时代、大殖民时代、大解放时代、大变局时代，都深深镌刻着鲜明的历史印记和时代标识，成为矗立在世界文明进程中一个个显眼的里程碑。

如果从这个宏阔的视野去观察、去审视，就会对中国特色社会主义进入新时代的历史必然性和科学合理性，有更加清晰、全面、深刻的认识。这一重大判断，是从中华文明5000多年的历史赓续中、从中华民族伟大复兴一个多世纪的奋斗进程中、从近代以来中国与世界180多年的关系互动中、从社会主义与资本主义两种制度100多年的力量消长中洞见的历史大势、得出的科学结论。

新时代"三农"新气象

　　科学判断从掌握历史主动中来。中华民族是世界上古老而伟大的民族，中华文明是历史上悠久而灿烂的文明。造成近代以后中华民族和中华文明命运颓势经历了"江河日下"的历史过程，扭转民族和文明命运走向也必然要攀登"积厚成势"的历史阶梯。在通往宏伟目标的长长征途中，紧要处往往只有关键几步。经过中国人民 100 多年的不懈努力，实现民族复兴和文明振兴的"反弹曲线"到了一个蓄势待发的关键阶段。新时代就是实现第一个百年奋斗目标，开启实现第二个百年奋斗目标新征程，把民族复兴伟业提升到一个更高境界的伟大时代。

　　科学判断从顺应现实需要中来。纵观世界近代以来发展史，很多国家遇到了"惊险一跳"的跨越问题，有的处理好了就迈上了更高的发展阶段，有的没处理好就长期陷入停滞甚至倒退。经过改革开放长期高速发展，中国经济列车一路狂飙，到2010年经济增速达到10.6%、经济总量跃居世界第二。但同时以粗放为特征的传统发展模式弊端越来越明显，人口、资源、环境的约束趋紧，释放的红利逐渐由盛转衰，支撑发展的动力明显不足。新时代就是转变发展方式、厚植发展优势、增强发展后劲，实现高速度增长向高质量发展转变，把经济社会发展提升到一个更高水平的伟大时代。

科学判断从把握矛盾转化中来。矛盾运动是社会前进的推动力，主要矛盾起到根本性的作用，解决旧有的主要矛盾把社会从原有的束缚中解放出来，新的主要矛盾成为推动社会进步的努力方向。我国是在经济文化十分落后的基础上建设社会主义的，很长时间里社会主要矛盾是人民日益增长的物质文化需要同落后的社会生产之间的矛盾。现在，社会主要矛盾的双方都发生了变化，人民日益增长的美好生活需要和不平衡不充分的发展之间的矛盾日益凸显，解决这一矛盾成为当前和今后一个时期我们的主攻方向。新时代就是顺应人们对美好生活的期待，增强发展的全面性和平衡性，把推动社会前进的动力提升到一个更高阶段的伟大时代。

科学判断从洞悉世界大势中来。今天，我们的国家前所未有地走近世界舞台中央，身处举世瞩目的聚光灯下，中国与

世界的关系发生了历史性的变化。在当今世界大发展大变革大
调整的形势下，中国理念、中国主张、中国智慧正成为解决全
球问题的重要方案，中国力量、中国责任、中国贡献正成为影
响世界走向的最大变量。新时代就是打开中国特色大国外交格
局，不断扩大国家影响力和引领力，把中国国际地位提升到一
个更高层次的伟大时代。

二 新时代蕴含的丰富内涵

中华民族曾经有"九天阊阖开宫殿，万国衣冠拜冕旒"的
非凡气度，但近代之后羸弱"限制了我们的想象力"，大胆如
清末民初的梁启超《新中国未来记》、金作砺《新纪元》、陆士
谔《新中国》，也只不过是想象中国在旧的世界体系下能够生
存发展的景象。今天身处这个伟大新时代的人们，无限感慨生
逢乱世先人不够宏大宽广的眼界胸怀，尽情畅想未来中国发展
的广阔天地和光明前景。

《新中国未来记》

《新中国未来记》由梁启超撰写，于1902年发表，借小说
预言60年后（1962年）中国繁荣富强、百业俱兴、万国来朝的
景象，实现了君主立宪，成为国际政治格局中重要的一极。

知识通鉴

《新纪元》

《新纪元》是清末文人金作砺所著的科幻小说，于1908年出版。书中描述的故事设定在20世纪末的1999年，此时的中国政治上已改为立宪政体，被各国恃强租借去的地方一概收回，是世界上首屈一指之大国。

《新中国》

《新中国》由清末文人陆士谔撰写，于1910年出版。该书通过主人公穿越到1951年上海的所见所闻，设想那时的中国已收回租界，经济实力、军事装备、制造业能力、教育水平在世界上都居于前列。

新时代是中华民族大展宏图、中国共产党大道直行、中国人民大有可为的大时代。何谓之新？何谓之大？中国人形容新、最新的程度无外乎"亘古未有"，中国人形容大、最大的格局莫过于"至大无外"。从深沉历史到辽远时空，从谋计民生到纵横寰宇，我们的新时代是一个突破现实想象、打开未来世界的时代。

这是续写事业新篇章的时代。一代人有一代人的历史际遇，一代人有一代人的时代责任。社会主义是一项长长久久的事业，需要几代人、十几代人、几十代人持续奋斗。在中国特色社会主义奠基、创造和积累的过程中，前人披荆斩棘、闯关夺隘、革故鼎新，沿着社会主义方向，一步步在没有路的地方蹚出了一条自己的路，创造了属于他们的不朽功勋。新时代，中国特色社会主义站到了承前启后、继往开来的历史起点上。新的历史条件下，夺取中国特色社会主义伟大胜利，开创不负先辈、福泽后世的历史伟业，是这一代中国共产党人责无旁贷的历史使命。

这是奋进强国新征程的时代。在人类改造世界的马拉松进程中，"现代化"从18世纪中叶出现以来已经有200多年，迄今让30多个国家、约10亿人步入发达国家的行列，成为不同民族、不同地区、不同国家走向文明的必由之路。中国式现代化所确立的榜样，打破了"现代化就是西方化"的迷思，让一度流行的"黑板经济学"失去市场，让各种偏见和教条现出

智能化的汽车生产车间

轻薄如纸的"手撕钢"

数字化网络化的生态馆

高精度液晶显示屏

原形，给了更多国家自主探索现代化道路以信心勇气和现实借鉴。进入新时代的中国，决胜全面建成小康社会、全面建设社会主义现代化国家，赋予了中国式现代化以新的理论内涵和实践特色，铸就了人类文明形态的新高峰，为中华民族真正强起来铺平道路，为后发国家实现自强提供全新选择。

这是满足人民新向往的时代。新社会理想创立之初，马克思就说过，未来社会生产将以所有的人富裕为目的。新中国成立之初，毛泽东同志也曾说，这个富，是共同的富，这个强，是共同的强，大家都有份。到了今天，中国人民的生活总体上达到了较高水平，全体人民过上了小康生活。但不同地区、不同群体发展不平衡的状况依然存在，成为横亘在经济社会发展道路上的"鸿沟"。我们将在做大蛋糕的同时，通过合理的制度安排分好蛋糕，不断满足人们对美好生活的向往，凝聚起亿万人民团结奋斗的磅礴力量，推动共同富裕取得更为明显的实质性进展。

这是开辟梦想新阶段的时代。一个对国家蒙辱、人民蒙难、文明蒙尘有着刻骨铭心记忆的伟大民族，才对民族复兴有着如此深切强烈的渴望。中日甲午战争后，美国《纽约时报》刊文称："大清国是一个既污秽又丑恶的国度，它的存在是一种时代错误。"这曾刺痛了多少中华儿女！一百多年来，为了改变民族的命运，中国人民孜孜以求复兴梦想，中国共产党人以"我以我血荐轩辕"的凛然、"不信东风唤不回"的执着，引领中华民族迎来命运的大逆转，实现从"时代错误"到"中国时代"的

北京冬季奥运会开幕式

华丽转身。新时代是复兴梦想曙光在前、可望可及，需要全体中华儿女勠力同心，一鼓作气、一往无前，奋力实现伟大梦想，让世界见证中华民族屹立于文明之巅的辉煌时刻。

这是彰显大国新担当的时代。当今全球正经历着复杂深刻的格局重构和秩序重建，当代中国正承担着举足轻重的大国担当和国际责任。面对挑战层出不穷、风险日益增多的地球家园，"站在世界地图前"的中国共产党，以推动构建人类命运共同体为己任，自觉承担起为人类谋进步、为世界谋大同的崇高职责。进入新时代的中国人民向世界宣示，中国正在成为全球发展之网中新的"服务器"，有能力成为促进世界和平发展的"守护神"，有能力为人类的美好明天作出更大贡献。

三 新时代标注的重大意义

160多年前，马克思从"两极相联"的规律切入，分析中国革命和欧洲革命，提出中国与世界关系相互影响的理论。如果循着这样的历史线索来分析可以清楚看到，新中国诞生于世界民族解放运动兴起的时代，中国改革开放事业启航于和平与发展成为世界主题的时代，中国新时代起始于世界力量对比出现"东升西降"大趋势的时代。从这个意义上说，当代中国共产党人正在书写着中国新时代的"未来简史"，也正在改写着世界大时代的"全球通史"。

民族复兴的新跨越。越是靠近伟大目标，越是充满风险挑战。犹记十年前，在国际金融危机余波未了、国内改革发展困难重重的"艰难时刻"，刘易斯拐点、修昔底德陷阱、塔西佗陷阱等各种论调相继出现，"中国威胁论""中国崩溃论""中国停滞论"等各种声音不绝于耳，或心生羡慕、或居心叵测，很多人都在观望，中国共产党领导人民如何跨越转折关口、实现伟大目标。十年过去了，我们走向民族复兴的脚步不仅没有迟滞，而且更加铿锵有力。今天，那些曾以怀疑性态度远观中国的人，面对毋庸置疑的事实也不得不承认"我看不懂，但我大受震撼"；那些曾以偏见式眼镜审视东方的人，面对有目共睹的成就也不得不修正自己的观点，转而向中国投以敬佩、艳羡的眼光。

知识通鉴

刘易斯拐点

刘易斯拐点，是由英国曼彻斯特大学教授威廉·阿瑟·刘易斯提出的一个经济学观点，指的是劳动力由过剩向短缺的转折点。在工业化进程中，随着农村富余劳动力向非农产业的逐步转移，农村富余劳动力由逐渐减少变为短缺，最终达到瓶颈状态。

修昔底德陷阱

修昔底德陷阱，由美国哈佛大学教授格雷厄姆·艾利森提出，此说法源自古希腊历史学家修昔底德就伯罗奔尼撒战争得出的结论，雅典的崛起给斯巴达带来恐惧，使战争变得不可避免。格雷厄姆·艾利森用这个概念来说明，一个新兴大国必然会挑战守成大国的地位，而守成大国也必然会采取措施进行遏制和打压，两者的冲突甚至战争在所难免。

塔西佗陷阱

塔西佗陷阱，得名于古罗马时代的历史学家塔西佗，最初来自塔西佗所著的《塔西佗历史》。后被引申为一种社会现象，指当政府部门或某一组织失去公信力时，无论说真话还是假话，做好事还是坏事，都会被认为是说假话、做坏事。

社会主义的新高峰。自16世纪初提出"乌托邦"以降，世界社会主义经历了五百年的跌宕起伏；从20世纪初真理火种在东方点燃开始，社会主义在中国跨越了一百年的风霜雪雨。如果从这样的大历史观来看，更能深刻感悟中国共产党为实现人类理想社会的雄心壮志：中国让社会主义重新伟大，使人类最光明正义的事业在经历几轮高潮和低谷之后，在世界东方呈大河奔涌之势，攀升到前所未有的新高度。

世界之问的新方向。从世界文明发展史可以看出，有能力"辐射"富裕和文明是衡量一个国家为人类作出贡献的重要指标。当今世界，人类的发展进步到了一个新的十字路口，世界向何处去？中国成就支撑世界发展，中国理念影响世界走向。在世纪疫情和百年变局叠加冲击下，世界依然挺立，很大程度上归功于中国难以置信的成果、竭尽所能的贡献。在西方教师爷所谓的"灵丹妙药"功效大减甚至还产生副作用的情况下，中国道路的魔力和魅力让世界为之瞩目，新时代的中国正在重

新冠病毒核酸检测

新冠病毒疫苗接种

新冠病毒消杀作业

验证健康宝和行程码

新定义发展和进步，强大的磁性吸引越来越多的发展中国家命运般踏上东方的路程。

伟大的剧总是高潮迭起，一个高峰接着一个高峰，新时代以来的十年是历史性的，但以后的剧会更美轮美奂、更精彩绝伦。在未来，960多万平方公里国土上将出现更多历史性奇迹，14亿多中国人的生活将发生更大历史性变化，21世纪的中国将会对世界产生更深历史性影响。这就是我们的新时代，高光闪耀、未来可期。

深度阅读

1. 习近平：《决胜全面建成小康社会　夺取新时代中国特色社会主义伟大胜利——在中国共产党第十九次全国代表大会上的报告》，《人民日报》2017年10月28日。

2.《〈中共中央关于党的百年奋斗重大成就和历史经验的决议〉辅导读本》，人民出版社2021年版。

7

万山磅礴必有主峰

——为什么说"两个确立"具有决定性意义？

"去问开化的大地，去问解冻的河流"，是谁在"唤醒中国"？是什么力量让莽莽神州生机勃发、洪流奔涌？山川不语、江河无声，但天地为鉴、日月可昭。从"观乎天文以察时变，观乎人文以化成天下"来探究"大道之源"，大音希声、大象无形，一切都不言而喻、不证自明。站在时代山巅倾听天籁之声，新时代的万象更新、日新月异，莫不源于扭转乾坤的领航力量、点亮时代的思想光芒。

伟大的时代能够称之为伟大，必定是以产生伟大的人物、诞生伟大的思想为标志的。新时代以历史性成就和历史性变革足以载入史册，这一切根本在于以习近平同志为核心的党中央坚强领导，在于习近平新时代中国特色社会主义思想科学指导。党的十九届六中全会鲜明提出，党确立习近平同志党中央的核心、全党的核心地位，确立习近平新时代中国特色社会主义思想的指导地位，反映了全党全军全国各族人民共同心愿，对新时代党和国家事业发展、对推进中华民族伟大复兴历史进程具有决定性意义。

一 时代需要 历史选择

伟大人物和人民群众的关系问题，一直是古今中外思想家争论不休的社会历史话题。唯物史观在批评以往英雄史观的基础上摆正了两者关系，高度肯定人民群众在创造历史中的主体作用，突出强调伟大人物对群众活动的引领作用。在人民推动社会发展的洪流中，伟大人物以其卓越的历史洞察力、思想引领力、政治组织力，在历史进程中起到了无法替代的关键作用。正如恩格斯评价马克思那样，"马克思比我们大家都站得高些，看得远些，观察得多些和快些"，"我们之所以有今天的一切，都应当归功于他"，"没有他，我们至今还会在黑暗中徘徊"。

　　马克思主义政党是代表无产阶级利益的政治组织，但不是"个人的偶然凑合"，而是靠科学理论、先进纲领、严明纪律紧密团结在一起的。这其中，党的领袖及其思想的核心作用至关重要，没有这一条，党就会沦为松散的俱乐部，党要进行的艰苦革命斗争更无从谈起。因此，马克思主义革命导师都十分强调维护领袖权威及其思想地位的极端重要性，把它作为关系马克思主义政党生死存亡的"命门"。

　　中国共产党是按照民主集中制组织起来的统一整体，但全党真正认识维护党的领导核心、高举党的思想旗帜的重大意义并转化为行动自觉，经历了一个较长时期的过程。在探索革命的早期阶段，党的领导人曾一度靠简单"套公式""抄作业"，解答中国的"应用题"，结果没有交出合格答卷，使中国革命大大"失分"。中国革命迫切需要英明的领袖、管用的"真经"。1935年遵义会议，事实上确立了毛泽东同志在党中央和红军的领导地位，在最危急关头挽救了党、挽救了红军、挽救了中国革命。

遵义会议（油画）　　　　　　　　党的七大会场

1945年党的七大，确立毛泽东思想为党的指导思想，使全党在思想上政治上组织上达到空前统一和团结。回顾中国革命凯歌向前的历史进程，尽管出现过张国焘"另立中央"、王明"空降夺权"的插曲，但最终没有影响毛泽东同志和毛泽东思想的伟大历史地位的确立和伟大历史作用的发挥。

现在是和平时期，但面临挑战的严峻程度、进行斗争的尖锐程度、统一思想的艰难程度，丝毫不亚于革命时期，甚至在很多方面远超于那个年代。今天，实现中华民族伟大复兴进入关键时期，目标已经清晰可见，但前方的艰难险阻超乎想象。行进在新长征路上的中国前所未有地置身于复杂环境中，世界变局和复兴全局相互激荡，新矛盾和旧问题彼此交织，有形斗争和无形较量轮番博弈，可预见风险和不可预见挑战接踵而来……目标越是远大，航程越是风高浪急，就越需要有领导核心的掌舵定向、科学理论的指引领航。十年的砥砺奋进让我们深切认识到：习近平总书记是风雨来袭时新时代中国共产党和中国人民最坚实可靠的主心骨，习近平新时代中国特色社会主义思想是新时代"中华号"航船劈波斩浪最科学正确的指南针。

正是从理论的深沉呼唤中、历史的深刻启示中、现实的深切需要中，我们党作出了"两个确立"具有决定性意义的重大政治判断。这是贯通历史与现实的必然逻辑和客观规律的深刻总结，也是中国共产党、中国人民、中华民族走向更加辉煌未来最根本保证的深刻揭示。

二 民心所向 众望所归

历史的关键瞬间，因为它具有价值原点意义而成为永恒。2012 年 11 月 15 日，刚刚当选为中共中央总书记的习近平同志，就鲜明地表达了执政理念："人民对美好生活的向往，就是我们的奋斗目标。"这是一个大党大国领袖对人民的深情承诺和深沉责任，昭示着以习近平同志为核心的党中央治国理政全部理论和实践的崇高追求。

从这里出发，人民领袖始终和人民在一起。习近平总书记对人民爱得深沉、爱得无我，"民之所忧，我必念之；民之所盼，我必行之"，以实际行动诠释了人民至上的赤子情怀。"谁把人民放在心上，人民就把谁放在心上。"人民对习近平总书

宁夏闽宁镇

湖南十八洞村

记高度信赖、衷心拥护，化作一封封书信寄往中南海，用淳朴热烈的话语表达深厚拥戴之情。

十年间，多少情景让人热泪盈眶，多少话语让人暖意融融，多少镜头让人感动至深，多少细节让人难以忘怀……我们试着还原几个场面，更能真切体会"人民领袖爱人民，人民领袖人民爱"的深情厚意。

千年贫困苦，一朝得梦圆。在决胜脱贫攻坚的"大战"中，习近平总书记顶风雪、冒酷暑，踏泥泞、翻山沟，风雨兼程、访贫问苦，足迹遍布大江南北，从黄土高坡到青藏高原，从太行山区到乌蒙山区，从零下几十摄氏度到海拔数千米，从"贫瘠甲天下"的甘肃定西到"隔山走一天"的四川大凉山，听民声、察民情、思对策，以一系列科学理念和务实举措，指挥这场声势浩大的人民战争取得最终胜利。

黎民命攸关，烈火见真金。在抗击新冠肺炎疫情的"大考"中，人们看到巍然挺立的坚强脊梁。病毒来袭的危急关头，一个个高瞻远瞩的决断、一句句掷地有声的命令、一次次审时度势的部署、一步步执着坚韧的推进，习近平总书记运筹帷幄、坚决果敢，把人民群众生命安全和身体健康放在第一位，不惜一切代价，不弃一线希望，从出生仅30多个小时的婴儿到100多岁的老人，从在华外国留学生到来华外国人员，全力护佑每一个生命。有人感慨，面对空前的疫情，十几亿人口的大国，控制速度之快、感染比率之低、救治力度之大，只有在中国，只有在以习近平同志为核心的党中央坚强领导下，才能做到。

世间百姓事，枝叶总关情。在解决民生难题的"大事"中，习近平总书记始终牵挂着群众的生活困难，把千家万户的安危冷暖放在心上，千方百计帮助他们排忧解难。无论是坚定践行"绿水青山就是金山银山"理念，还是牢牢坚持"房子是用来住的、不是用来炒的"定位；无论是坚决防止资本与民争利、无

云南大象北上南归

序扩张，还是努力让人民群众在每一宗司法案件中感受到公平正义；无论是下定决心推行"双减"整治教育顽疾，还是重拳治理文娱乱象清朗社会风气……习近平总书记对民生疾苦念兹在兹，为了人民的获得感、幸福感、安全感更是行之笃之。

念念不忘，必有回响。放眼神州大地，习近平总书记的卓越领导才能、崇高人格风范、赤诚为民情怀深入人心，习近平新时代中国特色社会主义思想的真理力量、精神力量、实践力量充分彰显。这就是"两个确立"决定性意义最深刻、最生动的诠释。

三 融入灵魂　见诸行动

一个民族、一个国家要想走在时代前列，就一刻不能没有伟大人物的引领，就一刻不能没有先进思想的指导。在中华民

《领航》唱响大江南北

族走向伟大复兴的壮丽征程中，在社会主义中国迈向世界强国的宏图伟业中，"两个确立"犹如一座耸入云间的高峰、一面高高飘扬的旗帜，指引着具有悠长文明的民族和国家进行着人类历史上气势如虹、激动人心的伟大实践。

伟人及其思想的力量一旦转化为亿万群众的自觉，就会让涓涓细流汇成浪奔之涌、点点滴水聚成澎湃之势，迸发出改造大地、更新山河的洪荒之力。"两个确立"就是要完成这种转化，让9500多万名党员、14亿多中国人民像葵花籽一样紧紧地贴在一起，一心向红日、紧跟领路人，朝着灿烂光明的伟大目标勇毅前行。

政治上忠诚竭诚。"天下至德，莫过于忠。"政治忠诚是党员干部第一位的品质。拥护"两个确立"，首要的就是做到对习近平总书记忠诚拥戴、对习近平新时代中国特色社会主义思想忠诚信仰，任何时候任何情况下都不改其心、不移其志。政治忠诚不是抽象的而是具体的，不是泛泛的而是唯一的。要把拥护"两个确立"体现在理想信念、政治生活、立场定力、担当作为上，把增强"四个意识"、坚定"四个自信"、做到"两个维护"融入血脉灵魂，真正做到忠诚核心、拥戴核心、维护核心。

思想上心明眼明。理论上清醒是政治上坚定的基础。"两个确立"的政治内涵是特定的、统一的。在当今中国，党的核心只有一个，就是习近平总书记。确立党的核心，就是确立习近平同志党中央的核心、全党的核心地位；确立习近平新时代中国特色社会主义思想的指导地位，就要明确这一思想实现了马克思主义中国化新的飞跃，是新时代坚持和发展中国特色社会主义、实现中华民族伟大复兴的科学指南和行动纲领。

习近平总书记的暖心金句

➡ 每个人都了不起。

➡ 我们都在努力奔跑，我们都是追梦人。

➡ 大家撸起袖子加油干。

➡ 我们的各级干部也是蛮拼的。

➡ 我要为我们伟大的人民点赞。

➡ 幸福是奋斗出来的。

➡ 扣好人生的第一粒扣子。

➡ 千家万户都好，国家才能好，民族才能好。

➡ 把所有的精力都用在让老百姓过好日子上。

➡ 在青春的赛道上奋力奔跑，争取跑出当代青年的最好成绩。

感情上真纯至纯。列宁曾说："没有'人的感情'，就从来没有也不可能有人对于真理的追求。"拥护"两个确立"，就是要从理论自觉润化为情感自发，从显意识内化为潜意识，把"两个确立"建筑于对党的核心发自内心的敬仰、爱戴、忠诚、信赖、维护的深厚感情基础上，建筑在对习近平新时代中国特色社会主义思想的真理追求基础上，在潜移默化中达到"日用而不觉"的状态。

行动上看齐找齐。说一千道一万，最终要落到行动上。坚决拥护"两个确立"，就是要一切行动听从习近平总书记和党中央的指挥，真学真懂真信真用习近平新时代中国特色社会主义思想，把贯彻习近平总书记指示要求和党中央精神体现到谋划重大战略、制定重大政策、部署重大任务、推进重大工作中去，不断提高执行能力和水平，切实转化为推动新时代党和国家事业发展的伟大实践。

每一个社会时代都需要有自己的伟大人物，如果没有这样的人物，它就要创造出这样的人物来。习近平总书记正是被伟大时代呼唤出来的伟大人物，他的力量引领中国命运的走势，他的思想标定历史行进的方向。在以习近平同志为核心的党中央坚强领导下，全党全军全国各族人民信心满怀、豪情万丈，向着无限美好的未来、充满希望的明天阔步前行。

深度阅读

1. 习近平：《总结党的历史经验　加强党的政治建设》，《求是》2021 年第 16 期。

2. 习近平：《坚定理想信念　补足精神之钙》，《求是》2021 年第 21 期。

8

思想旗帜时代精华

——为什么说习近平新时代中国特色社会主义
思想实现了马克思主义中国化新的飞跃？

　　人类活动千差万别，归结起来大致可以分为两种：思想和行动。没有革命的思想就没有革命的行动，思想走在行动之前，就像闪电走在雷鸣之前一样。每个时代都应该有自己的理论，从而指导这个时代的行动。以习近平同志为主要代表的中国共产党人，以巨大的政治智慧和理论勇气，创立了习近平新时代中国特色社会主义思想，极大地改变中国、影响了世界。

习近平总书记作为党中央的核心、全党的核心，是这一思想的主要创立者，为这一思想的创立发挥了决定性作用、作出了决定性贡献。

遍观当今世界，没有一种思想能像习近平新时代中国特色社会主义思想这样，引领的变革是划时代的、解决的问题是世界性的、影响的人群是数十亿量级的、蕴含的价值是具有人类普遍意义的。这个当代中国马克思主义、21世纪马克思主义，让马克思主义这一伟大学说大放异彩，以原创性理论贡献、严密性科学体系、标志性思想观点、引领性行动价值，实现了马克思主义中国化新的飞跃，标注了中国共产党理论创新的新高度。

一 新的飞跃　新的升华

人类对世界的认识，总是未知大于已知，用已知去开拓未知是古今中外思想家的一个永恒追求。无论是西方的古希腊智者、中世纪神学家、德国古典哲学家，还是东方的儒学圣人、佛教高僧、道家先贤，很多思想家都自认为掌握了万事万物运行的绝对规律，真理终结在此。马克思恩格斯批判一切建立在唯心主义基础上的形而上学，认为一切的一切都只是过程，马克思主义"随时随地都要以当时的历史条件为转移"。一部马克思主义发展史，就是马克思恩格斯以及后继者根据时代变化、实践发展而不断创新的历史。

习近平新时代中国特色社会主义思想系列学习读物

马克思主义的伟大就在于,它"并没有结束真理,而是开辟了通向真理的道路"。100多年来,马克思主义之所以能够永葆其美妙之青春,根本是因为它不断探索时代发展提出的新课题、回应人类社会面临的新挑战。习近平新时代中国特色社会主义思想,是坚持和发展马克思主义的典范,既不丢老祖宗,自觉用马克思主义这个"望远镜"和"显微镜"来观察时代,又讲出了许多新话,以全新的逻辑起点和理论建构谱写了马克思主义新的篇章。

以历史主动推进民族复兴伟业。实现中华民族伟大复兴,是100多年来中国人民矢志不渝的奋斗目标。习近平新时代中国特色社会主义思想以"通古今之变"的历史纵深,贯通民族复兴的历史、现在和未来，明辨我们所处的历史方位和努力方向。从这一基点出发，围绕实现民族复兴的目标，在正确方向、政治保证、路径选择、价值基点、动力保障等方面提出了一系列重大科学论断、重要思想观点，把亿万中国人民对民族复兴的强烈感情升华为理性追求，称得上一个系统的"中华民族伟大复兴论"。

以高度自信撷取中华文化精华。马克思主义学说肇始于西方，但马克思主义的神髓却在东西方的文化交流交融中隐隐呼应。这是一种"文明的滴定"，也是一种思想的萃取。100多年前，马克思主义传入中国，激活了中华民族历经几千年创造的伟大文明，使中国人民在精神上从被动转为主动。习近平新时代中国特色社会主义思想深深扎根于中华大地，把马克思主义的思想精髓和中华文化的精神特质融会贯通起来，充分汲取5000多年璀璨文明的精华养分，丰富当代中国人的精神世界，为增强民族自信自强注入更为主动的精神力量。这一思想是中华文化和中国精神的时代精华，充盈着浓郁的中国味、深厚的中华情、浩然的民族魂，具有强大的历史穿透力、文化

知识通鉴

文明的滴定

滴定是一种定量分析的手段，也是一种化学实验操作，即通过两种溶液的定量反应来确定某种溶质的含量。文明的滴定是一种类似于化学反应的形象说法，最早来源于英国科技史学家李约瑟的著作《文明的滴定》，指的是中西文明交流融合的一种状态。

感染力、精神感召力，堪称推进"两个结合"的光辉典范。

以宏阔视野观照人类前途命运。"穷则独善其身，达则兼济天下"，是中华民族自古以来就崇尚的高远境界和宽广格局。随着当今中国在世界版图中的分量与日俱增，"计利当计天下利"成为中华民族走向复兴的题中应有之义，"为人类谋进步、为世界谋大同"成为中国共产党"为万世开太平"的必答题。习近平新时代中国特色社会主义思想始终彰显着"大道之行，天下为公"的博大情怀，把民族复兴的历史进程融入人类文明进步的大潮，鲜明提出推动构建人类命运共同体、建设新型国际关系、弘扬全人类共同价值等重大理念，为促进全球和平进步事业贡献卓越的中国智慧。

置身百年风云中擘画中华民族复兴大业，深入浩瀚文脉里挖掘时代精神养分，站在世界版图前思考人类命运走向，习近平

广大干部群众深入学习习近平新时代中国特色社会主义思想

新时代中国特色社会主义思想以无与伦比的时空贯通力、现实解释力、实践改造力，把马克思主义中国化时代化大大向前推进了一步，实现了"通向真理道路"上质的跃升。

二 系统建构　全面展开

任何一种超越时空、影响深远的理论经典，必须有某些恒定的本质性、规定性特质，否则就会产生"忒修斯之船""阿能

忒修斯之船

忒修斯之船，是关于物体同一性的悖论，说的是假定某物体的构成要素被全部置换后，它还是不是原来的物体？忒修斯是古希腊传说中的雅典国王，他带领民众乘船到克里特岛杀死了吃人怪兽。雅典人为了纪念他，就以他的名字命名了这艘船。随着时间流逝，船的木板逐渐腐朽，人们陆续换上新的木板，最终整艘船的木板都被换了一遍。爱思考的古希腊人对此发问："这艘船还是原来的那艘忒修斯之船吗？"

阿能诃鼓

阿能诃鼓，是佛教的一个思辨故事。佛陀在向众弟子传法时讲道：有个名为陀舍罗诃的人，有一面叫作阿能诃鼓的鼓，此鼓声音非常动听，且能传到数十里之外。这面鼓用的时间长了之后不断损坏，不断被修补，直至每一部件都被更换，此鼓还是当初那面阿能诃鼓吗？

学习宣传贯彻习近平新时代中国特色社会主义思想系列研讨会

诃鼓"的争论和分歧。同时，这种理论必须随着历史条件、文化背景、现实需要等变化而不断创新，不然就会不可避免陷入"船毁鼓破"的历史结局。在推动理论经典与时偕行的过程中，通常会出现两种形式，一种是量的积累，在原有理论框架下进行完善和丰富，一种是整体升级，突破了原有理论框架进行新的建构。

正是从这个意义上说，习近平新时代中国特色社会主义思想实现了马克思主义中国化新的升华，是一个划时代的科学理论体系。这个体系经过新时代以来理论和实践的双重探索，逐渐走向成熟、趋于完善，呈现出清晰完整、逻辑自洽的理论框架和思想内容。

理论线索贯穿于"两个始终"。始终坚守初心使命、始终坚定理想信念，是100年来党一切奋斗的出发点和落脚点，是新时代党的理论创新的逻辑原点和根本旨归。习近平新时代中国特色社会主义思想最重要的理论旨趣和实践指向，就是更好为中国人民谋幸福、为中华民族谋复兴，更好坚持共产主义理想和社会主义信念。理解了"两个始终"的根本线索，就理解了这一思想的建构基点和理论展开。

核心内容体现于"十个明确"。如果把习近平新时代中国特色社会主义思想比作一座理论大厦,"十个明确"就是支撑整座大厦的主体部分。这"十个明确"不是零散观点的集合体,而是抓住了改革发展稳定、内政外交国防、治党治国治军中最重要的关键点,构成一个既各有指向又相互联系的有机整体。把握住了"十个明确",就掌握了这一思想的核心要义和基本精神。

回答问题聚焦于"三个重大时代课题"。问题是时代的格言,是表现时代自己内心状态的最实际的呼声。"三个重大时代课题",是站在新时代历史节点上向中国共产党人提出的"时代三问",是理解习近平新时代中国特色社会主义思想的"理论之眼"。中国特色社会主义讲的是方向性质问题,社会主义现代化强国讲的是目标路径问题,长期执政的马克思主义政党讲的是力量保证问题,共同构成了新时代全部理论和实践的着力点。扣准了"三个重大时代课题",就领悟了这一思想的努力方向和实践导向。

主要观点蕴含于"十三个方面"。感悟一个理论体系的全貌,既要从宏观上把握,理解它的主题线索、逻辑基点、结构框架,也要从微观上考察,认识它的重要思想、重要观点、重要论断,做到"见森林"和"见树木"的统一。"十三个方面"的历史性成就、历史性变革,全面展示了党的十八大以来党和国家事业的进展成效,也集中体现了新时代党的理论创新的重要突破,既是新时代发展的实践篇,也是当代中国马克思主义的创新论。

十个明确

——明确中国特色社会主义最本质的特征是中国共产党领导，中国特色社会主义制度的最大优势是中国共产党领导，中国共产党是最高政治领导力量，全党必须增强"四个意识"、坚定"四个自信"、做到"两个维护"；

——明确坚持和发展中国特色社会主义，总任务是实现社会主义现代化和中华民族伟大复兴，在全面建成小康社会的基础上，分两步走在本世纪中叶建成富强民主文明和谐美丽的社会主义现代化强国，以中国式现代化推进中华民族伟大复兴；

——明确新时代我国社会主要矛盾是人民日益增长的美好生活需要和不平衡不充分的发展之间的矛盾，必须坚持以人民为中心的发展思想，发展全过程人民民主，推动人的全面发展、全体人民共同富裕取得更为明显的实质性进展；

——明确中国特色社会主义事业总体布局是经济建设、政治建设、文化建设、社会建设、生态文明建设五位一体，战略布局是全面建设社会主义现代化国家、全面深化改革、全面依法治国、全面从严治党四个全面；

——明确全面深化改革总目标是完善和发展中国特色社会主义制度、推进国家治理体系和治理能力现代化；

——明确全面推进依法治国总目标是建设中国特色社会主义法治体系、建设社会主义法治国家；

——明确必须坚持和完善社会主义基本经济制度，使市场在资源配置中起决定性作用，更好发挥政府作用，把握新发展阶段，贯彻创新、协调、绿色、开放、共享的新发展理念，加快构建以国内大循环为主体、国内国际双循环相互促进的新发展格局，推动高质量发展，统筹发展和安全；

——明确党在新时代的强军目标是建设一支听党指挥、能打胜仗、作风优良的人民军队，把人民军队建设成为世界一流军队；

——明确中国特色大国外交要服务民族复兴、促进人类进步，推动建设新型国际关系，推动构建人类命运共同体；

——明确全面从严治党的战略方针，提出新时代党的建设总要求，全面推进党的政治建设、思想建设、组织建设、作风建设、纪律建设，把制度建设贯穿其中，深入推进反腐败斗争，落实管党治党政治责任，以伟大自我革命引领伟大社会革命。

一切划时代体系的真正内容，都是由于产生这些体系的时代需要而形成的。习近平新时代中国特色社会主义思想，是当代中国共产党人观察时代、把握时代、引领时代的智慧结晶，是以高远的视野、深邃的思考写下的在中国特色社会主义道路上实现中华民族伟大复兴的时代答卷。

三 理论指导　行动指南

绝大多数历史学家认为，从公元1500年前后，割裂的世

数说
决议

三个重大时代课题

——习近平新时代中国特色社会主义思想深刻回答新时代坚持和发展什么样的中国特色社会主义、怎样坚持和发展中国特色社会主义的重大时代课题;

——习近平新时代中国特色社会主义思想深刻回答建设什么样的社会主义现代化强国、怎样建设社会主义现代化强国的重大时代课题;

——习近平新时代中国特色社会主义思想深刻回答建设什么样的长期执政的马克思主义政党、怎样建设长期执政的马克思主义政党的重大时代课题。

界开始连接在一起,开启了不同文明形态相互融合而又相互冲突、不同思想体系相互借鉴而又相互竞争的历史,自此人类思想史方兴未艾、风起云涌。500 多年来,社会主义思想体系同资本主义思想体系的较量从未停止过,但总体上处于"资强社弱"的态势。时至今日,世界发生了数百年未有的大变动,马

电视理论节目《平语近人》《思想的田野》

江苏宜兴打造沉浸式理论宣讲节目

江苏省宜兴市运用新媒体积极创新理论宣讲方式，着力打造"党的理论宣讲+沉浸式体验"《新思想直播间》节目，以"演播室访谈、外拍沉浸式"的互动方式邀请专家学者、基层党员干部代表等，走进直播间、走到基层一线，通过故事化讲述、对话式宣讲、综艺化表达等方式进行理论宣讲，让全市广大干部群众在理论与实践融合中学习新思想、把握新思想。图为该市《新思想直播间》节目录制现场。

克思主义在世界东方迸发出璀璨的真理之光，使人类思想进程出现有利于社会主义的历史性变化。

在21世纪人类思想星空中，习近平新时代中国特色社会主义思想大放异彩，成为当今世界最具深远影响力的科学理论。这一思想以其耀眼的理论魅力、雄浑的精神伟力、强大的实践威力，引领着中华民族实现伟大复兴的追梦之路，照亮着社会主义发扬光大的振兴之路，昭示着人类文明进步的光明之路。

思想航标、精神旗帜、行动纲领，习近平新时代中国特色社会主义思想指引亿万人民追求复兴梦想。今天，中华民族伟大复兴到了愈进愈难的阶段，"开顶风船、走上坡路"需要物质基础、社会条件的保障，更需要指导思想、精神旗帜的引领。习近平新时代中国特色社会主义思想是中华民族复兴路上的"指南针""北斗星"，蕴含着强大的精神力量和物质力量，指引着全球近 1/5 人口进行人类历史上最为宏阔、最大规模的社会实践。

坚定信仰、改革创新、兼收并蓄，习近平新时代中国特色社会主义思想推动社会主义重焕夺目光彩。这一思想强调把坚持共产主义理想和社会主义信念作为灵魂和血脉，用改革创新激活社会主义制度的内在活力，吸收借鉴古今中外一切文明发展的有益成果，使中国特色社会主义展现出旺盛生命力。社会主义在今天的中华大地生机盎然，使这一社会理想在潮起潮落中重回浪潮之巅，使这一社会运动在世事浮沉中走在时代前列。

湖南桂阳"以赛促学"领悟新思想

为了调动广大干部群众学习习近平新时代中国特色社会主义思想的积极性主动性，湖南省桂阳县通过举行理论知识竞赛，以赛促学、以学促用，加深了人们对"学用新思想 建功新时代"的理解，推动学习成果转化为工作实效。图为该县理论知识竞赛决赛现场。

独特道路、全新模式、先进价值，习近平新时代中国特色社会主义思想启迪后发国家探索强国之路。有学者曾说，在人类走向现代化的历史大片中，过去演绎的都是大国崛起"你方唱罢我登场"的零和之路，中国式现代化走的是一条"美美与共、天下大同"的共赢之路，充满着中国智慧、人间正道的精彩剧情不容错过。习近平新时代中国特色社会主义思想蕴含的丰厚的治理之道，是解开中国式现代化奥秘的"金钥匙"，让越来越多的人以不同于西方模式的视角对现代化道路作出重新思考和全新选择。

一切历史的精华最终是思想史。当人类历史时间的指针划到 21 世纪第 23 个年头，一个有着 5000 多年历史的古老民族如何走向复兴，一个历经 5 个多世纪的社会理想如何重振雄风，一个处于百年未有之大变局的世界如何找到出路，习近平新时代中国特色社会主义思想在深邃的历史思索中，发出了时代的先声，唱响了前行的凯歌。

1.《习近平新时代中国特色社会主义思想学习纲要》，学习出版社、人民出版社 2019 年版。

2.《习近平新时代中国特色社会主义思想学习问答》，学习出版社、人民出版社 2021 年版。

9

九州激荡四海升腾

—— 为什么说新时代党和国家事业取得
历史性成就、发生历史性变革？

10 年、3600 多天、87000 多小时，时光刻录机在中华大地飞速旋转，岁月的针脚在历史的年轮上划出一道道深深的印迹。时间流逝不舍昼夜，穿梭于过去和未来，铭记着光荣与梦想。新时代中国的每一瞬间都在创造奇迹、书写历史，让一个个"不可能"变成可能，一道道"无解题"得到破解。这段浓墨重彩的历史时间，充盈着伟大人民"力拔山兮气盖世"的英

雄豪情，雕塑着伟大国度"无边光景一时新"的盛世景象，书写着伟大时代"此卷长留天地间"的不朽诗篇。

事业的伟大，不仅在于成就的辉煌，更在于过程的壮丽。进入新时代，以习近平同志为核心的党中央，以伟大的历史主动精神、巨大的政治勇气、强烈的责任担当，解决了许多长期想解决而没有解决的难题，办成了许多过去想办而没有办成的大事，推动党和国家事业取得历史性成就、发生历史性变革。党的十九届六中全会从 13 个方面，分领域总结了党的十八大以来党领导人民创造的伟大成就，为我们缓缓铺陈开一幅生机勃勃、欣欣向荣的锦绣江山图。站在历史高点喜看今日路，我们对伟大事业信心满怀、壮志在胸，对美好未来无限热望、无比憧憬。

 原创性思想博大精深

历史的进程有多么波澜壮阔，理论的创造就有多么汹涌澎湃。过去十年，在创造"地球上最大发展奇迹"的过程中，当代中国共产党人以划时代的实践创造和理论创新，创立了习近平新时代中国特色社会主义思想，提出了一系列原创性系统性引领性的科学论断，深刻回答了事关党和国家发展的重大时代课题，实现了理论上新的飞跃。新时代大道直行、大功无垠，根本是靠源源不断的思想领航、理论指引。

数说决议

十三个方面的历史性成就、历史性变革

（一）在坚持党的全面领导上，党中央权威和集中统一领导得到有力保证，党的领导制度体系不断完善，党的领导方式更加科学，全党思想上更加统一、政治上更加团结、行动上更加一致，党的政治领导力、思想引领力、群众组织力、社会号召力显著增强。

（二）在全面从严治党上，党的自我净化、自我完善、自我革新、自我提高能力显著增强，管党治党宽松软状况得到根本扭转，反腐败斗争取得压倒性胜利并全面巩固，党在革命性锻造中更加坚强。

（三）在经济建设上，我国经济发展平衡性、协调性、可持续性明显增强，国家经济实力、科技实力、综合国力跃上新台阶，我国经济迈上更高质量、更有效率、更加公平、更可持续、更为安全的发展之路。

（四）在全面深化改革开放上，党不断推动全面深化改革向广度和深度进军，中国特色社会主义制度更加成熟更加定型，国家治理体系和治理能力现代化水平不断提高，党和国家事业焕发出新的生机活力。

（五）在政治建设上，积极发展全过程人民民主，我国社会主义民主政治制度化、规范化、程序化全面推进，中国特色社会主义政治制度优越性得到更好发挥，生动活泼、安定团结的政治局面得到巩固和发展。

（六）在全面依法治国上，中国特色社会主义法治体系不断

健全，法治中国建设迈出坚实步伐，党运用法治方式领导和治理国家的能力显著增强。

（七）在文化建设上，我国意识形态领域形势发生全局性、根本性转变，全党全国各族人民文化自信明显增强，全社会凝聚力和向心力极大提升，为新时代开创党和国家事业新局面提供了坚强思想保证和强大精神力量。

（八）在社会建设上，人民生活全方位改善，社会治理社会化、法治化、智能化、专业化水平大幅度提升，发展了人民安居乐业、社会安定有序的良好局面，续写了社会长期稳定奇迹。

（九）在生态文明建设上，党中央以前所未有的力度抓生态文明建设，美丽中国建设迈出重大步伐，我国生态环境保护发生历史性、转折性、全局性变化。

（十）在国防和军队建设上，人民军队实现整体性革命性重塑、重整行装再出发，国防实力和经济实力同步提升，人民军队坚决履行新时代使命任务，以顽强斗争精神和实际行动捍卫了国家主权、安全、发展利益。

（十一）在维护国家安全上，国家安全得到全面加强，经受住了来自政治、经济、意识形态、自然界等方面的风险挑战考验，为党和国家兴旺发达、长治久安提供了有力保证。

（十二）在坚持"一国两制"和推进祖国统一上，党中央采取一系列标本兼治的举措，坚定落实"爱国者治港"、"爱国者治澳"，推动香港局势实现由乱到治的重大转折，为推进依法治港治澳、促进"一国两制"实践行稳致远打下了坚实基础；坚持一个中国原则和"九二共识",坚决反对"台独"分裂行径,坚决反对外部势力干涉,牢牢把握两岸关系主导权和主动权。

(十三)在外交工作上,中国特色大国外交全面推进,构建人类命运共同体成为引领时代潮流和人类前进方向的鲜明旗帜,我国外交在世界大变局中开创新局、在世界乱局中化危为机,我国国际影响力、感召力、塑造力显著提升。

历史犹如一面镜子,映射着真理的光芒。回望过去,不只是去采撷绚烂耀眼的花朵,更是去获取熔岩般奔腾的地火。我们沿着理论和实践交相辉映、彼此呼应的历史轨迹,探究伟大成就背后的思想密码和理论逻辑,追寻思想的火炬、感受理论的光芒,就可以看到,真理之光如何照亮一个伟大民族走向复兴的浩荡征程,智慧之火如何点燃一个东方大国影响世界的雄浑力量。

它极大丰富了经典理论。产生于170多年前的马克思主义,犹如磅礴的日出,照亮了人类实现自身解放的光明大道。我们依然处在马克思主义所指明的历史时代,我们所要做的就是让这一理论更加发扬光大,放射出澄澈玉宇的思想之光。习近平新时代中国特色社会主义思想把坚持和发展结合起来,既"回到马克思主义经典"又不"拘泥于马克思主义经典",根据新的时代要求和实践发展,讲出了许多前人没有讲过的新话,大大丰富了马克思主义经典宝库。

它深刻汲取了历史养分。"往事并不如烟。"历史在社会存在上已化为灰烬随风飘逝，但在社会意识上还留有余温经久不散。今天的中国从历史深处走来，那些历经岁月洗炼的文明菁华，深刻地塑造着中华民族的独特精神气质。习近平新时代中国特色社会主义思想以大历史观的深邃眼光，洞察中华文明5000多年的万千流变，审视近代中国180多年的世事更迭，回溯中国共产党100年的成败得失，从深沉的历史中汲取智慧营养，增添新时代理论的解释力和感召力。

它科学总结了实践经验。时代是思想之母，实践是理论之源。越是社会实践活跃的时期，越是思想理论迸发的时期。世界大变局、世纪大疫情、中国大变化、民族大复兴，这些前所未有的"大"因素高频碰撞、剧烈激荡，迫切需要找到解释之道、治理之法。习近平新时代中国特色社会主义思想建立在当代中国和当今世界伟大实践的基础上，以正在发生的事情为标本，以正在进行的事业为对象，以实践为源头、以实践为标准、以实践为旨归，用中国理论指导中国实践，用东方智慧破解世界之问。

二 变革性实践恢宏壮阔

纵观宇宙演化、人事代谢，变是天地恒常之道。察人类历史"古今之变"，在特定的历史节点，以变应变、顺势而变是一个民族、一个国家向更高层次跃升的制胜之道。新时代以来，我国内外环境发生复杂深刻变化，一连串新情况新问题不断涌现，一股脑新矛盾新挑战接连冒头……河入峡谷、风过隘口，正是紧要之时。站在民族复兴"关键一跃"的历史当口，要在危机中育新机、于变局中开新局，迫切需要通过系统变革实现动力升级，助推"中华号"巨轮劈波斩浪，突破"问题岛链"，穿越"矛盾漩涡"，全速平稳驶向更加辽阔的海域。

新时代春潮涌动，以习近平同志为核心的党中央审时度势、锐意进取，吹响了改革再出发的嘹亮号角。在全面深化改革的伟大进程中，党的十八届三中全会《决定》、十九届四中全会《决定》"姊妹篇"一以贯之，串起了"中国之变""中国

放管服改革

放管服，是简政放权、放管结合、优化服务的简称。"放"即简政放权，降低准入门槛；"管"即创新监管，促进公平竞争；"服"即高效服务，营造便利环境。这是党的十八大后深化行政体制改革、推动政府职能转变的一项重大举措。图为浙江省台州市民警严格落实"最多跑一次"改革的要求，方便群众办事。

农村土地制度改革

　　农村土地制度改革，是党的十八大以来深化农村改革的一项重要内容，主要是有序推进农村集体经营性建设用地、农村宅基地、征地制度等改革。2014年12月，中共中央办公厅、国务院办公厅印发《关于农村土地征收、集体经营性建设用地入市、宅基地制度改革试点工作的意见》。此后，农村土地制度改革在全国各地逐步推进。图为贵州省榕江县农民领取农村土地承包经营权证。

之治"的路线图，擘画了坚持和完善中国特色社会主义制度、推进国家治理体系和治理能力现代化的宏伟蓝图，为实现中华民族伟大复兴提供坚强制度保证。

　　在"面"上铺开，覆盖全方位、各领域。党的十一届三中全会后，我国走的是一条渐进式改革之路，由农村到城市、由体制外到体制内、由经济领域到其他各领域，逐步渐次展开。改革进行到现阶段，其关联性、耦合性、系统性越来越强，牵一发而动全身，靠零敲碎打、修修补补已很难奏效，必须全面推进、系统集成。党的十八大以来，全面深化改革注重从整体上谋篇布局、排兵布阵，先后出台了2000多项举措，涉及经济、政治、文化、社会、生态文明和党的建设各方面各领域，推动改革全面发力、多点突破、蹄疾步稳、纵深推进，从夯基垒台、立柱架梁到全面推进、积厚成势，再到系统集成、协同高效，各领域基础性制度框架基本确立，许多领域实现历史性变革、系统性重塑、整体性重构。可以说，十年来改革全面开花、多点绽放，构成了新时代改革开放"百花争艳图"。

在"点"上突破，敢于啃硬骨、涉险滩。改革进入攻坚期和深水区，可以说容易的、皆大欢喜的改革已经完成了，好吃的

深化司法体制改革

深化司法体制改革，建设公正高效权威的社会主义司法制度，是推进国家治理体系和治理能力现代化的重要举措。党的十八届三中、四中全会对深化司法体制改革作出了重大决策部署，提出了一系列重大改革举措。比如，推进以司法责任制为核心的4项改革试点、完善法官员额制等基础性改革的配套制度、推进诉讼程序制度和审判机制改革、积极推进人民法院组织机构改革、扎实推进人民陪审员制度改革试点等。党的十九大提出了深化司法体制综合配套改革的任务。图为广东省深圳市中级人民法院智慧法院建设推出的法院全流程移动办案系统。

肉都吃掉了，剩下的都是难啃的硬骨头、难涉过去的礁石滩。凡是硬骨头、礁石滩存在的地方，都是思想桎梏大、体制障碍多、利益固化深的领域，冰冻三尺非一日之寒，破冰也非强力推进不可。党的十八大以来，全面深化改革"明知山有虎，偏向虎山行"，直击要害、触及本质，向矛盾集中的领域下手，向利益固化的地方开刀，解决了多年来积重难返的"老大难"问题，使长期以来困扰着事业发展的"老毛病"得到根治。

在"实"上用力，持续砸锤子、钉钉子。改革必定涉及深层次的利益调整，"动了谁的奶酪谁就反对"，难度和阻力也会

计划生育政策调整

为进一步改善我国人口结构、促进人口长期均衡发展，党的十八大以来我国逐步调整计划生育政策。2013 年 12 月 21 日，中共中央、国务院印发《关于调整完善生育政策的意见》，提出单独两孩的政策。2015 年 12 月 31 日，中共中央、国务院作出《关于实施全面两孩政策 改革完善计划生育服务管理的决定》。2021 年 6 月 26 日，中共中央、国务院印发《关于优化生育政策促进人口长期均衡发展的决定》，提出实施一对夫妻可以生育三个子女政策及配套支持措施。图为一个家庭其乐融融的 3 个孩子。

越来越大，必须盯住抓、反复抓，否则就会功亏一篑。习近平总书记亲自挂帅、亲自部署、亲自督促，密集主持召开会议研究落实，一项举措一项举措地推，一件事情一件事情地抓，一个节点一个节点地盯，以抓铁有痕、踏石留印的韧劲，将改革进行到底，善始善终、善作善成。在党中央的强力推进下，众多"中梗阻"现象被破除，无数"最后一公里"被打通，全面深化改革的红利正在各个领域充分显现出来，党和国家事业发展的动力活力源源不断地涌流和迸发。

三 突破性进展前所未有

进入 21 世纪第二个十年，世界经济从国际金融危机之后陷入低迷，许多国家发展乏力，有人称之为人类"小冰河期"，而中国却在如此短的时间内，全方位实现了突破性进展，发生了"当惊世界殊"的巨变。这些巨变范围之广、程度之深、影

2013—2021 年我国国内生产总值

响之大，不仅是历史性的，更是世界性的，深刻改变着国家、民族和人民的面貌，也影响着人类发展的走向。

我们说这十年突破性进展史无前例，如果拉长时间线索、放宽空间界面，更能看清楚这一点。很多领域的发展不仅是数量级的持续性累加，更是层次上的跳跃式提升，不仅是力量、程度、范围的平面拓展，更是理念、格局、境界的立体破圈，可以说党和国家事业是大踏步向前推进、大跨度向上攀升。

这是综合国力大幅跃升的十年。十年来，我国国民经济量增质升，"颜值""气质"俱佳，经济发展平衡性、协调性、可

天问一号

嫦娥五号

雪龙2号

九章量子计算机

中国空间站

持续性明显增强，国内生产总值突破百万亿元大关，人均国内生产总值超过一万美元，"三次产业""三驾马车"比重持续优化，新时代中国经济稳健奔跑。"嫦娥"系列飞天揽月、"天问一号"造访火星、中国空间站迎来"常驻民"、"雪龙2号"挺进极地、"九章"量子计算机问世等大国重器惊艳世界，北京大兴国际机场凤凰展翅、港珠澳大桥跨洋过海、"东数西算"网络神州等超级工程捷报频传，5G、大数据、云计算、物联网、新能源汽车、智能手机、工业机器人等最新应用领先全球。今天，中国制造、中国质造、中国智造正在共同发力，创造令世界更

东数西算

东数西算，即东数西算工程，指通过构建数据中心、云计算、大数据一体化的新型算力网络体系，将东部算力需求有序引导到西部，优化数据中心建设布局，促进东西部协同联动。2022年2月，在京津冀、长三角、粤港澳大湾区、成渝、内蒙古、贵州、甘肃、宁夏8地启动建设国家算力枢纽节点，并规划了10个国家数据中心集群。至此，全国一体化大数据中心体系完成总体布局设计，东数西算工程正式全面启动。图为宁夏回族自治区中卫市西部云基地全景。

加刮目相看的崭新奇迹。

这是人民生活稳步提升的十年。十年来，人民生活不仅总体上"芝麻开花节节高"，而且朝着共同富裕迈出了重要步伐。2012年到2021年，全国居民人均可支配收入从16510元增至35128元，年均增长跑赢了经济增速。2021年全国居民恩格尔系数为29.8%，达到联合国划定的富足标准。民生事业得到全方位改善，人民生活品质不断提高，老百姓获得感、幸福感、安全感大大增强。我国全面建成小康社会，中等收入群体规模达到4亿人，历史性消除了绝对贫困，全体人民奔跑在美好生活的大道上。

这是民族自信空前增强的十年。十年来，道路自信、理论自信、制度自信、文化自信成为复兴的民族、奋进的时代最激荡人心的主旋律。庆祝新中国成立70周年、中国共产党成立100周年等盛大庆典礼序乾坤、乐和天地，举办亚洲文化嘉年华、北京冬奥会冬残奥会开闭幕式等国际盛会展示东方神韵、中国浪漫，《流浪地球》《我和我的祖国》等高峰巨制表达人间

亚洲文化嘉年华盛大演出

故宫元宵节灯会

Z 世代

Z 世代,也称为"网生代""互联网世代""二次元世代""数媒土著",通常是指 1995 年至 2009 年出生的一代人,他们一出生就与网络信息时代无缝对接,受数字信息技术、即时通信设备、智能手机产品等影响比较大。

AA 世代

AA 世代,通常是指 2010 年后出生的一代人,他们伴随着移动互联网、物联网等技术成长起来,对 5G、云计算、人工智能、元宇宙等新技术新应用关注度较高。

大爱、家国情怀……亿万人民做中国人的志气、骨气、底气大大增强,自尊心、自信心、自豪感持续提升,"建国后""七零八零后""Z 世代""AA 世代"价值观念更加积极健康,心理状态更加理性平和。我们的民族从来没有像今天这样扬眉吐气、自信满怀,我们的人民从来没有像今天这样意气风发、昂扬向上。

这是大国外交阔步向前的十年。十年来,推动构建人类命运共同体、建设新型国际关系、弘扬全人类共同价值等重大理念诠释中国主张,APEC 北京会议、G20 杭州峰会、金砖厦门会晤、世界政党大会等重大活动展示中国风采,"一带一路"国际合作高峰论坛、上海进博会、北京服贸会等重大平台彰显

中国共产党与世界政党领导人峰会

中国贡献……全方位、多层次、立体化的外交布局徐徐展开，中国在世界舞台上扮演越来越重要的角色。我国积极参与全球治理体系改革和建设，在应对气候变化、减少贫困饥饿、防治传染疾病、打击恐怖主义等方面承担着越来越多的国际责任，展现了一个负责任大国的担当。随着我国国际影响力、感召力、塑造力显著提升，越来越多的人相信"全球未来的新希望来自中国"，断言"21世纪世界发展的面貌取决于中国"。

四 标志性成果举世瞩目

历史让人铭记的，往往是那些熠熠生辉的闪亮标点。一个个改天换地的创举，一件件惊天动地的大事，一项项震天撼地的工程，串起了历史性成就和历史性变革的宏大叙事，指明了历史前行的宽阔航道，谱写了时代变迁的恢宏乐章。

新时代的标志性成果，犹如繁星密布的灿烂星河，布满了日新月异的神州大地，反映在经济社会生活的各个领域，发生在每个人的身边。我们以"鸟瞰中国""坐着高铁看中国""沿着高速看中国"这种具象的镜头去捕捉、去抓拍，更能真切领略到那一帧帧感天动地、气壮山河的精彩瞬间和壮美画面，绘就一个变化的中国、奔跑的民族的时代大像。"窥一斑可知全豹"，其中几个最醒目、最鲜亮的标志性成果气势如虹、影响深远，最能勾勒出新时代中国的奋进图谱。

在消除绝对贫困上，勠力同心、尽锐出战，打赢了人类历史上最大规模脱贫攻坚战。贫困是人类社会的顽疾，中国历朝

今日史记

广西罗城仫佬族实现整族脱贫

仫佬族，是我国人口较少民族之一。广西壮族自治区罗城县是全国唯一的仫佬族自治县。2020年年底，罗城仫佬族自治县正式退出贫困县序列，仫佬族实现整族脱贫，奔向美好生活的脚步愈发坚定。图为该县"仫佬十姐妹"直播团队在线推广当地农特产品。

历代都没有解决这个问题，很多西方发达国家至今也没有完全根治，这一世界性难题在新时代中国得到彻底解决。党的十八大以来，全国832个贫困县全部摘帽，12.8万个贫困村全部出列，近1亿农村贫困人口实现脱贫，提前10年实现联合国2030年可持续发展议程减贫目标，创造了人类减贫史上的奇迹。无数贫困群众"挪穷窝"奔小康，"两不愁三保障"成为标配，28个人口较少民族全部整族脱贫，脱贫群众面貌焕然一新，脱贫地区处处呈现山乡巨变换新颜的幸福美景。这一丰功伟绩利在千秋、泽被后世，足以载入中华民族发展历史，镌刻在人类社会发展进步史册上。

在全面从严治党上，持之以恒、一抓到底，取得了反腐败斗争压倒性胜利并全面巩固。腐败问题，并非今日才有，也并非中国独有，是一种社会历史现象，被称为"政治之癌"。西方有人断言，腐败在两党制或多党制国家解决不了，中国共产党一党执政更是无解，革自己的命比登天还难。党的十八大以来，以习近平同志为核心的党中央，以"不得罪成百上千的腐败分子，就要得罪十四亿人民"的无畏政治勇气，不断推进党的自我革命，坚持不懈全面从严治党，坚定不移"打虎""拍蝇""猎狐"。据统计，截至 2021 年 10 月，全国纪检监察机关共立案 407.8 万件、437.9 万人，立案审查调查中管干部 484 人，给予党纪政务处分 399.8 万人。这样管党治党的力度、惩治腐败的力度，有学者评价说，翻遍中国历史都找不到，查阅世界政治史也是没有的。

在建设美丽中国上，从严治污、系统治理，推动生态环境保护发生历史性、转折性、全局性变化。在人类走向工业化、现代化的进程中，西方发达国家普遍走的是一条"先污染后治理"的道路，这似乎是无法绕开的路径。我国正处于工业化的

今日史记

"红通人员"被缉拿归案

2021 年 10 月，"红通人员"辽宁省辽阳农村商业银行原党委副书记、行长姜冬梅在境外落网并被遣返回国归案。

浙江省安吉县余村

河北省塞罕坝机械林场

中后期，长期的粗放式发展带来了高速增长，也付出了沉重的生态环境代价。党的十八大以来，我们党把生态文明建设作为中华民族永续发展的根本大计来抓，全面加强生态环境保护决心之大、力度之大、成效之大前所未有，污染防治按下"快捷键"，绿色发展步入"快车道"，山川复绿、黄河安澜，一个天蓝、地绿、水清的大美中国日益展现在世人面前。这一殊勋茂绩，不仅对中华民族的影响是长远的，对地球家园的贡献也是无法估量的。据卫星数据显示，近年来全球新增的绿化面积中，约 1/4 来自中国，占比居全球首位。

"江山如此多娇，引无数英雄竞折腰。"回望过去，胜利的征途绘就了一幅蔚为大观的恢宏画卷；展望未来，复兴的宏图展现出一个令人向往的美好前景。越过层层峰峦的攀登者，只要一鼓作气，再向上一层，就能饱览壮丽的日出和翻涌的云海。承载着代代夙愿的领风者，只要一往无前，再奋斗一程，就会迎来梦想成真的时刻。

1.习近平：《在全国脱贫攻坚总结表彰大会上的讲话》，《人民日报》2021年2月26日。

2.习近平：《在北京冬奥会、冬残奥会总结表彰大会上的讲话》，《人民日报》2022年4月9日。

10

壮美画卷长留天地

——党的百年奋斗的历史意义是什么？

大风泱泱，大潮滂滂。长江黄河如此奔腾，文明圣火千古不绝。一百年来，苦难深重的中华民族在中国共产党的领导下，历尽艰险、千回百转，涤荡风雨如磐的长夜，穿越层峦叠嶂的迷雾，迎来伟大复兴旭日东升的万丈曙光，挥就东方巨龙御风腾飞的恢宏气象。百年沧海桑田，百年高岸深谷，在历史场景的几经转换中，一种源自西方的主义和一种植根东方的文

明交相辉映，一个百年政党的成长和一个千年民族的重生融为一体，惊天动地的历史华章在神州大地豪迈绘就，彻底改变了华夏儿女的前途命运，彻底改造了千年故国的万里山河，彻底改写了人类社会的发展版图。

弹指间，斗转星移；一刹那，转身百年。一个世纪的光影流变，记录着饱经沧桑的民族从沉沦到奋起的峥嵘岁月和复兴图景，映照着历史悠久的古国从苦难到辉煌的命运蝶变和伟大传奇。只有循着时间的经纬还原历史的场景，才能对历史的意义看得更加真切。抚今追昔，感慨万千，让我们回到历史的原点，重新打开时间的闸门，沿着岁月的河道顺流而下，细细体悟中国共产党百年奋斗的伟大历史，深深感受党领导人民创造彪炳史册的伟大功业。

一 人民命运的根本改变

中国人民素以生活富庶和礼仪文明著称于世，卓然于天下。古希腊文学中将中国称为"赛里斯国"，意为盛产丝绸的国家，那里温暖无比、富饶幸福、充满正义。《马可·波罗游记》把一个"富丽堂皇、遍地黄金"的中国展现在欧洲人面前。德国哲学家莱布尼茨在《中国近事》一书中这样描述，中国是人类最伟大与高雅的文明之一。数千年来，中国人民都是站在文明的山巅，以天朝上国的威仪，接受其他文明和民族的仰视和崇敬。

百年前西方列强军队野蛮入侵　　新中国成立 70 周年国庆阅兵扬我国威

　　然而，中国人民是带着深深的耻辱进入近代史的。从 19世纪 40 年代到 20 世纪 20 年代，不到一百年的时间里，清朝都城北京两次被外敌攻陷，中国人民身处"覆屋之下、漏舟之中、薪火之上"，生活在水深火热里，挣扎在生死边缘，遭受的屈辱之重、苦难之深、悲惨之切，在人类历史上都是不多见的。那时的中国人民沦为任人宰割的"釜底游鱼"，连起码的生命安全都无法保障，遑论物质生活的满足，更别提人格和尊严。

　　今天，经过一百多年的抗争和奋斗，中国人民终于迎来前途命运的大扭转，从"以做中国人为耻"到"此生无悔入华

首次参加奥运会落寞的中国运动员　　北京冬季奥运会意气风发的中国队

百年前清朝皇帝龙椅上拍照的入侵者　　　近年来中国政府撤侨行动

夏",从"清王朝龙椅成为侵略者摆拍的道具"到"犯我中华者,虽远必诛",从自卑怯弱地仰视西方到自信从容地平视世界……14亿多中国人民在政治上、经济上、精神上挺立起来了,享受着做中国人的无限荣光和自豪。

历史的曲线跌宕起伏,延展着中国人民命运的触底与冲顶的强大反差。这种翻身感、逆转感是多么的强烈,只有在百年时光交错中、高低命运对比中,才能刻骨铭心地感受到这一点。

犹记得,一百年前,中国人民在三座大山压迫下"为奴隶、为牛马、为犬羊",跪着尚不能求生,被西方列强辱为"东亚病夫"。而如今,中国人民昂首挺胸、扬眉吐气,彻底摆

旧中国原始落后的农业耕作　　　如今机械化规模化的农业生产

脱了被欺负、被压迫、被奴役的命运，成为国家、社会和自己命运的主人，享有着全过程民主权利，广泛管理国家事务、经济文化事业和社会事务。现在的中国早已换了人间，亿万人民真正实现了"我的地盘我做主""我的事情我说了算"。

犹记得，一百年前，积贫积弱、一穷二白的旧中国民不聊生、饿殍遍野，多少人上无片瓦、下无立锥，多少人颠沛流离、居无定所，多少人衣不蔽体、食不果腹，人们苦到了极点、穷到了极处。而如今，中国人民衣食无忧、富足殷实，彻底告别了缺衣少食、物资匮乏的年代，再无饥馑之年、冻馁之患，绝对贫困在中华大地消失，14亿多人迈上了全面小康、共同富裕的康庄大道，对美好生活的向往不断变为现实。现在的中国早已物换星移，亿万人民真正过上了"无人不饱暖，无处不小康"的幸福生活。

犹记得，一百年前，被西方人蔑称为"傅满洲""眯眯眼"的中国人，精神萎靡、目光呆滞，靠吸食鸦片麻醉无处安放的灵魂，靠精神胜利法得到暂时的心灵慰藉，奥运场上"用担架抬着一个大鸭蛋"的漫画场景深深刺痛了国人。而如今，中国人民精神抖擞、神采飞扬，对中华文化、历史和传统由衷热爱和自信，爱党爱国爱社会主义的热情空前高涨，奥运赛场上一次次超越自我、一次次刷新纪录，强健的体魄、文明的精神带来满满的自信。现在的中国早已变了样，亿万人民"气质这一块拿捏得死死的""到处是高质量精神小伙和自信女神"。

北京冬季奥运会喜获金牌的中国运动员

百年风华、人民史诗。一个世纪的奋斗汗水，浇灌出一个花开的国度，浸润在物阜民丰、万家灯火里，真真切切地改变着每个中国人的生活。放眼神州，中国人民更加自信、自立、自强，极大增强了志气、骨气、底气，在历史进程中积累的强大能量充分爆发出来，焕发出前所未有的历史主动精神、历史创造精神，正在信心百倍书写着新时代中国发展的伟大历史。

二 复兴道路的成功开辟

上下五千年，纵横一万里。展开中华民族的历史长卷，我们的祖先曾经创造了数千年的鼎盛高光，遥遥领先于世界。英国学者安格斯·麦迪森在《世界经济千年史》中估算，从公元10世纪开始，中国国内生产总值一直占到世界两成以上。然而，就是这样一个庞大的帝国、一个辉煌的民族，在世界近代历史的剧变中衰败凋零了，跌落到"量中华之物力，结与国之欢心"的悲惨深渊，遭遇到文明难以赓续的深重危机。

147

"多难兴邦，殷忧启圣。"为了有朝一日中华民族自立自强于世界，无数先驱高呼"有心杀贼，无力回天"的慷慨悲歌，无数先烈付出"春云碧血，秋雨黄花"的壮烈牺牲，无数先辈发出"挽狂澜于既倒，扶大厦之将倾"的力竭呼号……九死不泯其志、至死不改初衷，党领导人民不懈奋斗、不断进取，只为中国搏出一条正确的道路，只为中华民族拼得一个美好的未来。

未经黑暗，便看不到光明的可贵；未经磨难，便参不透复兴的意义。几经凄风苦雨，几多峰回路转，深藏于中国人民心中的民族复兴梦想，终于冲云破雾、扶摇直上，如日中天那般光芒万丈、普照神州。今天，我们可以豪迈地告慰先人：这盛世，如你所愿。

行进在大道上的中国，是一个充满生机活力的"梦工厂"。一个民族、一个国家处于上升期的重要标志，就是敢于大胆设想伟大的梦想，并且坚信不疑、坚持不懈追梦逐梦。千年小康梦、百年富强梦、飞天寰宇梦、蛟龙蹈海梦、奥运金牌梦、国产航母梦……无数过去难以想象的梦想正在变为现实，构筑起

C919 大飞机

蛟龙号载人潜水器

国产航母山东舰

四川三星堆国潮产品火"出圈"

四川省三星堆遗址新发现的6个祭祀坑考古成果一经公布，便吸引了众多游客前来"打卡"。三星堆博物馆以三星堆文物为原型，融合变脸、茶文化、蜀绣、长牌等川蜀元素，打造了一系列带有文物标识的眼罩、口罩、冰淇淋、钥匙扣等产品，受到了大家的追捧，尤其是年轻人的喜爱。图为游客在秀小铜人面具冰淇淋。

了中华民族向上攀爬的一个个坚固阶梯。今天的中国，复兴的伟大梦想萦绕在中华民族历史的天空，跳跃在960多万平方公里的中华大地上，激荡在14亿多中国人的心中，汇聚成奔跑中国、圆梦中华的强大能量。

行进在大道上的中国，是一个创造人间奇迹的"魔幻屋"。在人类发展史上，一个国家经济在极短的时间内获得快速增长，通常会出现野蛮生长的阶段，往往伴随着社会结构的大变动、利益格局的大调整、思想观念的大分化，给社会稳定带来强烈的冲击。"快"和"稳"似乎是一对非此即彼的矛盾体，尤其对情况复杂的大国来说兼具二者更是难上加难。而我国作为一个大规模经济体，把发达国家几百年的工业化历程压缩到几十年时间完成，并且把发展带来的各方面矛盾保持在可控范围内，保持社会长期稳定。很多西方学者把中国"两大奇迹"称为经济学的"哥德巴赫猜想"，百思不得其解，只能归结为神秘的"东方魔力"。

行进在大道上的中国，是一个激活文明魅力的"升级舱"。中华民族数千年的文明江河奔流不息，从上古时期的神话传说到夏商周祭祀礼乐，从春秋战国的"诸子林立、百家争鸣"到汉武帝"罢黜百家、独尊儒术"，从儒释道各领风骚到"三教合流"，历经时间长河的洗炼愈加精进深厚，构成了中国人独特的精神风范，成为世界文明史上独一无二的奇观。中国共产党始终做中华优秀传统文化的忠实传承者和弘扬者，在创造性转化、创新性发展中激活传统文化中的优秀因子，赋予其新的时代内涵，为丰富当代中国人的内心世界提供了更为雄厚的精神力量。

时光轮转，再回首风雨兼程路，看今朝旖旎风光秀。我们走过了"雄关漫道真如铁"的昨天，跨越"人间正道是沧桑"

甘肃敦煌研究院引领"文创盲盒"风潮

为适应年轻消费者的文化需求，甘肃省敦煌研究院以莫高窟壁画为素材，设计推出了一系列人物盲盒，带给人们别样的体验感，让中华传统文化潮起来。图为该院推出的全能守护系列盲盒。

的今天，向着"乘风破浪会有时"的明天，中华民族向世界展现的是一派欣欣向荣的气象，巍然屹立于世界东方。社会主义没有辜负中国，中国没有辜负社会主义。

三 真理力量的极大彰显

马克思这位"千年第一思想家"的出场，为人间带来真理的火种，揭示了自然界、人类社会、人类思维发展的普遍规律，照亮了人类寻求自身解放的道路。这是人类思想史上一座令人叹为观止的高峰，唤起从西方到东方全世界"为真理而斗争"的革命热情，吸引着千千万万马克思主义者矢志追随，领悟真义并付诸实践，开启人类认识世界和改造世界的崭新阶段。

"伟大的相遇"看起来是某种巧合，实际上是历史的必然。19世纪40年代，陷入内忧外患的中华民族开始了艰难的寻路历程。几乎是同样的时代，源于德国摩泽尔河畔小镇的马克思主义种子逐渐成熟，指导全世界无产者联合起来开展推翻一切

马克思雕像　　　　　　　　　　　马克思故居

旧势力的革命。一个民族渴望复兴的诉求与一种谋求人类解放的思想遥相呼应。来自西方的真理火种，一经播撒便在东方炽热枯槁的大地形成燎原之势，迸发出吞噬旧事物、孕育新希望的强大力量。一百年来，一代代中国共产党人汇聚在马克思主义壮丽的日出下，高擎伟大思想的熊熊火炬，在中华大地上开创了独一无二的救国、兴国、强国道路，以澄澈玉宇的真理之光引领浩荡复兴征程，以波澜壮阔的奋斗实践增添雄浑思想伟力。

它的科学性和真理性得到充分检验。"正像达尔文发现有机界的发展规律一样，马克思发现了人类历史的发展规律"。马克思主义关于唯物史观和剩余价值学说的"两大发现"，把唯心史观颠倒了的世界观重新颠倒过来，将社会主义建立在科学的基础之上，指明了人类走向光明的社会理想和现实道路。正如"在亚历山大胜利的根源里，人们总能找到亚里士多德"，马克思主义的科学性和真理性，无不体现在中国共产党领导人民的每一次胜利中，印证在中华民族走向复兴的铿锵脚步里。

陈望道翻译《共产党宣言》(国画)

《共产党宣言》早期中文版本

它的人民性和实践性得到充分贯彻。马克思主义之所以是"真经"，具有击穿人心、超越时空的恒久力量，就是因为它关照人民、植根实践，昭示着人类谋求解放的人间正道。一百年来，中国共产党这个"行动的马克思主义者"把科学真理力量，作为砥砺初心使命的强大思想武器，贯穿在解决中国问题的奋斗实践中，体现在为中国人民谋幸福的价值追求上，使这一科学理论深深写在亿万中国人民心中，牢牢扎根于广袤无垠的中国大地上。

它的开放性和时代性得到充分彰显。马克思对自己的理论没有作教条式的规定，对未来社会没有作具体的画像，他甚至认为，自己不适合制定"小餐馆的未来食谱"。马克思主义从来都不是封闭僵化的，而是根据现实需要不断丰富发展的。一代代中国马克思主义者坚守科学理论的真谛，又结合实践和时代的发展勇敢地进行创新创造，写出了具有民族特色、时代气象的"中国版本"，让马克思主义活的灵魂在东方大地永葆美妙之青春。

一个世纪以来，马克思主义同中国共产党、中华民族命运与共，演绎了一个科学理论同一个百年政党、一个古老民族风云际会、交相辉映的伟大故事。这段激荡人心的历史启示我们，中国共产党为什么能、中国特色社会主义为什么好，归根到底是因为马克思主义行；马克思主义之所以行，究其关键是中国共产党和中国特色社会主义赋予了马克思主义新的生机活力，在回答世界之问、时代课题中展示出更"行"的强大生命力。

四 世界进程的深刻影响

中国作为"四大文明古国""三大轴心文明发祥地"之一，曾经在天文历法、人文思想、政治制度、物质生产、科学技术、文学艺术等方面走在世界前列，为人类摆脱落后、走向文明作出了卓越贡献。正如英国哲学家培根所说的那样，中国的火药、指南针等伟大发明，改变了整个世界事物的面貌和状态，没有任何一个国家能与之相媲美。然而，明代以降中国同世界发展潮流渐行渐远，特别是鸦片战争后中国与先进国家间呈现巨大的"代际差距"，一度被视为"现代文明的错误和拖累"。

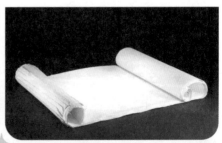

指南针、造纸术、火药、活字印刷术

中国共产党诞生于人类解放事业的大潮中，自成立之日起，就把改变民族命运的进程与促进世界和平发展的大势紧密联系在一起，义无反顾承担起拯救中华民族于水火的崇高使命，责无旁贷肩负起推动人类文明进步的神圣职责。中国共产党在"为人民谋幸福、为民族谋复兴"的伟大征程中，始终践行"大道不孤、四海一家"的行动价值，以百年奋斗的"自转"推动世界历史的"公转"，深刻改变了世界发展的趋势和格局，为促进人类进步、追求世界大同作出了不可磨灭的贡献。

知识通鉴

三大轴心文明

轴心时代，是指公元前800年至前200年之间，尤其是公元前600年至前300年间这段时期。轴心时代发生的地区是在北纬30度左右。这段时期是人类文明的重大突破时期。比较公认的，这一时期在世界不同区域形成了三大轴心文明，即中国先秦文明、古希腊文明、古印度文明。

以民族民主革命促进世界革命。近代中国卷入世界体系之后，中国革命就绑在了世界革命的"战车"上，新民主主义革命自始至终都与国际斗争形势的变化息息相关。在党领导人民28年的革命斗争中，无论是提出反帝反封建的民主革命纲领，还是讨伐列强扶植的军阀势力，无论是抗击日本侵略者，还是推翻美帝国主义支持的蒋家王朝，都是世界民族民主革命的重要组成部分。中国革命的胜利，极大增强了国际上正义的力量，推动了世界革命的历史进程。

以自身探索开辟文明新路。今天，面对中国发展取得的巨大成功，很多人都在谈论"中国震撼""中国超越""中国时代"，啧啧称奇的背后，不仅是一个大国体量上几何级数的增长，更是一条独特现代化道路的勃兴，一种新型文明形态带来的聚变效应。回过头去看，中国共产党领导人民走出的这条现代化道路，以人的现代化为价值原点，把时空的压缩性和发展的持续性、结构的全面性和要素的协调性结合起来，改变的不仅是一种结果，更是一种模式的创新。当西方现代化深陷困境的时候，中国式现代化正在引领和影响着世界。

以至大理念引领人类未来。大时代、大变局、大家庭需要大智慧、大情怀、大格局。随着人类的历史越来越成为世界历史，各个民族、各个国家越来越紧密联系在一起，越发休戚与共、唇亡齿寒，从世纪疫情全球大流行中更能深感于此。习近平总书记胸怀世界人民的共同利益，超越国家、民族、文化、意识形态界限，响亮提出推动构建人类命运共同体，大力弘扬全人类共同价值，为解决全球重大问题指明了前进方向，为人类发展进步擘画了一个美好未来。

中华民族是有"人类正义心的伟大民族"，中国是一个"应当对于人类有较大的贡献"的国家，中国共产党是"为人类进步事业而奋斗的政党"。百年的中国共产党始终追求正义而光明的事业，发展了自己也造福了世界，以一如既往的实际行动践行许下的铮铮诺言。我们的工作已经写进人类的历史，我们的工作还将继续改变人类的未来。

五 先进政党的浴火锻造

历史上开天辟地的伟大事件，开始时往往并不起眼，甚至小到只是时间绳索的一个线头。一百年前一个平常的日子，在上海一个普通的弄堂里、在嘉兴南湖的红船上，一群平均年龄28岁的中国共产党人，代表全国50多名党员，秘密举行第一次代表大会，宣告了党的诞生。参加会议的代表都是社会上不知名的"小人物"，但就是这些"小人物"却有着冲天干云的大志向，他们以改天换地的豪迈气概和远大抱负，一心想改变旧中国的状况，在中华大地创立一个新社会。

党的一大会址

浙江省嘉兴市南湖红船

　　谁也不曾想到，一百年后的今天，中国共产党已成为拥有9500多万名党员、具有重大全球影响力的世界第一大执政党。在党的领导下，中华民族的命运早已发生历史性的改变，社会主义中国的面貌发生了翻天覆地的变化，14亿多中国人民正享受着殷实而幸福的小康生活。是什么改变了中国？是什么造就了伟大的中国共产党？从党的自身建设史中可以找到答案。

　　历经千磨万击，终究百炼成钢。1921年到2021年，从石库门到天安门，从小小红船到巍巍巨轮，党的百年奋斗是一座去芜存菁的历史熔炉，是一条大浪淘沙的时间长河，以如此多的艰难险阻，以如此多的生死考验，以如此多的惨烈牺牲，锻造了走在时代前列的中国共产党。

　　勇做时代先锋。"茫茫华夏，中流之砥柱伊谁？"在旧中国"灵台无计逃神矢，风雨如磐暗故园"的茫然无助之时，中国共产党挺身而出，勇做中国人民改变命运的先觉者、中华民族实现复兴的先导者，领导人民在沉沦中奋起、在挫折中成长、在改革中前行，取得一个又一个胜利，赢得了中华民族的美好前景，还神州一片安宁祥和、繁花似锦。中国共产党这个领路人和先锋队，以写在中华大地上的伟大功业，无愧于国家和人民、无愧于历史和时代。

勇砺时代品格。中国共产党在几十名党员时建立、在400多万名党员时夺取政权，到9500多万名党员时迎来百年华诞，为什么我们党能够从小到大、从弱到强，虽历经世事沧桑还青春依旧，虽长成参天巨树还岁岁破枝，根本原因就在于党在长期奋斗中锤炼出鲜明政治品格，勇于自我革命、善于勘误纠错，在革故鼎新、去腐生肌中实现自我更新、自我超越。"胜

今日史记

长征国家文化公园

长征国家文化公园，是整合长征沿线文物和文化资源全面呈现长征文化的精神家园。2021年8月，《长征国家文化公园建设保护规划》出台。根据规划，

长征国家文化公园以保护好长征文物、讲好长征故事、传承好长征精神、利用好长征资源、带动好长征沿线发展为总体建设目标，将分3个阶段完成建设保护工作。图为石壕长征国家文化公园。

人者有力，自胜者强。"正是由于党一次次拿起手术刀革除自身病灶，才使党不断获得新生，拥有无往而不胜的力量。

勇葆时代精神。"天地英雄气，千秋尚凛然。"一百年来，中国共产党人以精神立身、以精神强骨，在非凡征程中铸就了以伟大建党精神为源头的精神谱系，浸染出我们这个伟大政党赤诚丹心的精神底色，抒写了中华民族伟大精神的百年长卷。中国共产党在丰厚滋养中更加巍然屹立，把自己的精神融入祖国的江河、民族的星空，汇入充塞天地的浩然正气之中，生生不息、绵绵不绝。

勇立时代潮头。过去一个多世纪，是人类认识世界和改造世界的活动大大拓展的时代，经历了两次世界大战的厮杀与

伟大建党精神与中国共产党人的精神谱系

2021年7月1日，习近平总书记在庆祝中国共产党成立100周年大会上概括提出伟大建党精神：坚持真理、坚守理想，践行初心、担当使命，不怕牺牲、英勇斗争，对党忠诚、不负人民。一百年来，党以伟大建党精神为源头，构筑起了中国共产党人的精神谱系，包括井冈山精神、苏区精神、长征精神、遵义会议精神、延安精神、抗战精神、红岩精神、西柏坡精神、抗美援朝精神、"两弹一星"精神、改革开放精神、特区精神、抗洪精神、抗震救灾精神、脱贫攻坚精神、抗疫精神等伟大精神。

洗礼、两次科技革命的演变与迭代、两种社会制度的斗争与较量、两次全球疫情的流行与肆虐……很多情况变化之快、范围之大、程度之深，过去从来没有遇到过。"弄潮儿向涛头立。"在这样一个空前剧烈的大变动中，中国共产党不断提高驾驭复杂局面的能力和水平，察时代之变、随潮流所动、顺大势而为，赢得中国革命、建设和改革事业的历史主动和战略主导，不断把民族复兴进程推向前进。

立高山之巅，方见大河奔流；于群峰之上，更觉长风浩荡。站在今天特殊的时间节点上，我们更加清晰地感到，中国共产党的一百年，是一个古老民族赓续千年梦想、走向民族复兴的历史进程，是一个东方大国重焕昨日荣光、走向世界中央的时空进程。这幅纵连古今、横贯八荒的恢宏长卷，无论是在中华民族历史上，还是在世界历史上，都是绝无仅有的，光彩灿若星辰，气势震古烁今，定与天地并存，与日月同辉。

深度阅读

1. 习近平：《学史明理　学史增信　学史崇德　学史力行》，《求是》2021 年第 13 期。

2.《党的十九届六中全会〈决议〉学习辅导百问》，学习出版社、党建读物出版社 2021 年版。

11

历史回响未来启迪

——党的百年奋斗昭示过去能够成功、未来继续成功的秘诀是什么?

"历史总是惊人相似,但不会简单重复。"当我们回望一段历史的时候,不能单纯纠结于历史的具体事件,而要从历史深处撷取有益于现在和未来的经验,才是读懂历史的真正意义所在。饱经世纪沧桑的中国共产党,几多风雨几多磨砺,几经坎坷几经淬炼,几回挫折几回奋起,演绎了一场场惊心动魄、扣人心弦的历史活剧。今天,回味百年奋斗的历史大剧,久久回荡在人们心中的,是那些无数先辈用鲜血和汗水浇灌出来的历史之花,是穿越时空、烛照当下、远观未来的智慧之光。

风雨如晦风雨兼程，大道如砥大道直行。这一百年的苦难辉煌，这一百年的浴血荣光，映照着一个政党矢志不渝的追寻与奋斗，承载着一个民族刻骨铭心的磨难与觉醒，记录着一个国家日新月异的发展与变化。过去一百年，我们党、民族和国家经受的苦难、遇到的考验、创造的奇迹是人世间少有的，但所有的得失成败、兴衰荣辱都是弥足珍贵的精神财富，源源不断地增长着我们的智慧和勇气，使党领导人民信心百倍地走向未来。

一 宝贵经验　精神财富

历史经验，作为人类实践活动的认识成果，对于人们汲取智慧、把握规律、指导行动大有裨益。纵览古今中外，大凡雄才伟略的治国者，往往都十分注重总结历史经验，从浩瀚历史中探寻成功之道。正所谓"以铜为鉴，可以正衣冠；以人为鉴，可以明得失；以史为鉴，可以知兴替"。

回顾历史、总结经验，从中得出规律性认识，是马克思主义政党的优良传统。中国共产党历来高度重视并善于总结经验，通过对历史经验的运用，找到正确前进方向。1965年，毛泽东同志在中南海接见海外归来的李宗仁夫妇时，他问陪同前来的程思远：你知道我靠什么吃饭吗？程思远一时茫然不知所对。毛泽东同志意味深长地说：我是靠总结经验吃饭的，以前人民解放军打仗，在每个战役后，总来一次总结经验，发扬优点，克服缺点，然后轻装上阵，乘胜前进，从胜利走向胜利。

翻看百年党史，那些闪耀着智慧火花的宝贵经验，提纲挈领、思想深刻，给人以深深启迪。无论是红军初创时期的"十六字诀"，还是人民军队制胜战场的"十大军事原则"，无

十六字诀

十六字诀，是土地革命战争时期中国工农红军游击作战的指导原则，主要内容是"敌进我退、敌驻我扰、敌疲我打、敌退我追"。

十大军事原则

十大军事原则，是毛泽东同志 1947 年 12 月提出的，主要内容概括为：一、先打分散和孤立之敌，后打集中和强大之敌。二、先取小城市、中等城市和广大乡村，后取大城市。三、以歼灭敌人有生力量为主要目标，不以保守或夺取城市和地方为主要目标。四、每战集中绝对优势兵力，四面包围敌人，力求全歼，不使漏网。五、不打无准备之仗，不打无把握之仗，每战都应力求有准备，力求在敌我条件对比下有胜利的把握。六、发扬勇敢战斗、不怕牺牲、不怕疲劳和连续作战的作风。七、力求在运动中歼灭敌人，同时，注重阵地攻击战术，夺取敌人的据点和城市。八、在攻城问题上，一切敌人守备薄弱的据点和城市，坚决夺取之。一切敌人有中等程度的守备、而环境又许可加以夺取的据点和城市，相机夺取之。一切敌人守备强固的据点和城市，则等候条件成熟时然后夺取之。九、以俘获敌人的全部武器和大部人员，补充自己。十、善于利用两个战役之间的间隙，休息和整训部队。

十大关系

　　十大关系，是毛泽东同志在 1956 年提出的社会主义建设必须处理好的重大关系，包括重工业和轻工业、农业的关系，沿海工业和内地工业的关系，经济建设和国防建设的关系，国家、生产单位和生产者个人的关系，中央和地方的关系，汉族和少数民族的关系，党和非党的关系，革命和反革命的关系，是非关系，中国和外国的关系。

论是正确处理社会主义建设"十大关系"，还是坚持"四项基本原则"，无论是建党 95 周年庆祝大会"八个坚持"，还是建党百年庆祝大会"九个必须"，都是我们党对实践经验的精辟概括，是党和国家事业兴旺发达的成功密码。

　　党的十九届六中全会通过的百年历史决议，在继承以往经验总结成果的基础上，集百年历史经验之大成，荟世纪奋斗智慧之精华，概括提炼出十条重大历史经验：坚持党的领导、坚持人民至上、坚持理论创新、坚持独立自主、坚持中国道路、坚持胸怀天下、坚持开拓创新、坚持敢于斗争、坚持统一战线、坚持自我革命。这"十个坚持"以百年为时间尺度，贯通党领导人民奋斗的各个历史时期，集纳出最具普遍性、根本性、指导性、长远性的方针原则，堪称历史经验的世纪精华版。

　　"十个坚持"是一个系统完整、相互贯通的有机整体。以党的领导起首、管总，依次阐释党的价值立场、指导思想、重要原则、路径选择、胸襟情怀、动力源泉、精神品格、策略方针，最后以自我革命压台、收尾，环环相扣、彼此关联、相互支撑，一气呵成、浑然天成。这十个方面，贯通了我们党的基本立场、基本观点、基本方法，构成了中国共产党一整套科学系统的世界观和方法论。

岁月铭刻着奋斗的艰辛，历史映射着智慧的光芒。十条历史经验，不是从天上掉下来的，也不是从书本上抄来的，而是我们党在历经磨难、饱经风雨的长期摸索中积累下来的，蕴含着成功和失败，凝结着牺牲和奋斗，充满着真理和力量，熔铸着光荣和梦想。这是过往奋斗的宝贵结晶、实践探索的必然产物、历史留下的深刻启示，必须倍加珍惜，毫不动摇坚持，与时俱进发展。

二 胜利之本　成功之道

风从东方来，潮自中国涌。现在，人们都在谈论"中国共产党为什么能、马克思主义为什么行、中国特色社会主义为什么好"，探究中国共产党何以百年风华正茂、中华民族何以实现命运蝶变的奥秘所在，从中找到可资借鉴的做法。党百年奋斗的十条经验，闪耀着夺目的"中国智慧"，散发着迷人的"东方魔力"，是打开成功之门的"金钥匙"。

　　站在过去与未来、中国与世界的交汇点上，以百年时间进度为纵轴，以人类命运走向为横轴，更能看清楚中国经验超越时空、跨越国度的伟大意义。从这个宏阔的视角来看，中国共产党百年奋斗积累的宝贵经验，不仅揭示了过去我们为什么能够成功、未来我们怎样才能继续成功的深刻道理，也为那些尚在迷茫中徘徊和探索的国家提供了中国样本。

　　引领事业成功的"定海神针"。近代以来，中国人民面临的两大历史任务是争取民族独立、人民解放和实现国家富强、人民幸福，简而言之就是"打江山"和"守江山"。"打江山"各种政治力量都试过但没有成功，唯有中国共产党登上历史舞台，才团结带领人民打下红色江山、建立新中国；"守江山"

167

不比"打江山"容易，而我们党不仅守住了，还领导人民创造了举世瞩目的伟大成就，让这片江山更加壮丽锦绣。历史和现实都证明，没有中国共产党，就没有新中国，就没有中华民族伟大复兴。面向未来，只有坚持党的全面领导不动摇，坚决维护党的核心和党中央权威，才能确保全党全国人民同心同德、同向同行，团结一致向前进。

立于不败之地的"不二法门"。"江山就是人民、人民就是江山。"我们党来自人民、为了人民、依靠人民，视人民至上为最根本的价值基点，这是党的胜利之本。战争年代，在与国民党的长期较量中，我们党之所以能够最终完胜，最根本的就是依靠人民这个"铜墙铁壁"。有人分析国民党失败的原因时一针见血地指出，"国民党要钱有钱、要人有人，也学习了共产党的很多好做法，但军民鱼水关系这一条，他们学不会也办不到"。和平时期，人民是我们党执政兴国的最大底气，是推动事业发展最坚实的根基、最深厚的力量。面向未来，只有坚持以人民为中心，和人民有盐同咸、无盐同淡，和人民一起

解放战争中支援前线的人民群众

江西南康学党史育清廉正气

江西省赣州市南康区把学习党史同总结经验、立德修身、推动工作结合起来，通过开展微信公众号网上留言活动、举办"学党史，话廉洁"主题活动、构筑领导干部"八小时以外"护廉网、组织观看警示教育片等，将党史学习教育和党风廉政教育有机贯通、一体推进，力促广大党员干部和公职人员筑牢思想防线、守住纪律底线、远离腐败红线。图为该区纪检监察干部正在接受党史学习教育。

苦干实干，发展为了人民、发展依靠人民、发展成果由人民共享，坚定不移走全体人民共同富裕道路，才能凝聚起夺取更大胜利的磅礴伟力。

掌握历史主动的"成功密道"。历史大势不可阻挡，但人在其中不是消极被动的，可以凭借深邃的眼光、科学的判断、坚决的行动，积极发挥主动作用，顺势而为、积极作为，在时代洪流中掌握国家和民族的命运。无论是推进理论创新还是坚持独立自主、探索中国道路，无论是秉持胸怀天下还是勇于开拓创新，无论是敢于善于斗争还是建立统一战线，都体现了中国共产党伟大的历史创造精神，是党增强历史自觉、把握历史规律、赢得历史主动的重大认识成果，是指引我们不断取得事业成功的根本之道。

走在时代前列的"独门秘笈"。很多生命力顽强的自然生物，诸如雄鹰、巨蟒，到了一定的生长阶段，都要经受艰难而残酷的自我蜕变考验，完成了就能获得新生，否则就走向死亡。社会组织要保持旺盛的生命力，同样也有自我革命的问题，否则就很难实现自我突破和超越。目前世界上超过百年的大党寥寥无几，大都暮气沉沉、缺乏活力，唯有中国共产党朝气蓬勃、意气风发。我们党之所以永葆青春活力，根本就在于党勇于自我革命，敢于刮骨疗毒、蜕故孳新，保持党的肌体健康。正是靠着这一"绝世武功"，党才历经百年沧桑更加充满活力，始终勇立时代潮头。

三　倍加珍惜　长期坚持

历史是一条绵延不断的时间长河，人类把握历史需要一个个时间节点，或以一年、五年、十年为计，或以百年、五百年、一千年甚至更长的时间为界，从而赋予了一个个时间段以特殊的意义。站在历史的节点上，人们抚今追昔、彰往察来，总结过往得失、吸取经验教训，以更好走向未来。

中国共产党经历了一百年的历史，走过了一个世纪的光辉历程。今天，我们站在这个具有里程碑意义的历史地平线上，以庄重的仪式感回顾历史、总结经验，不是为了从以往的辉煌中寻找慰藉，更不是为了躺在功劳簿上沾沾自喜，而是为了总结历史经验、了解历史规律、把握历史方向，积蓄新的征途上乘风破浪的力量与勇气。

在 2022 年全国两会上，习近平总书记把握新的时代方位、观大势、谋全局、明方向，回顾新时代党和人民奋进历程，鲜明提出"五个必由之路"的重大论断，阐明我国发展具有"五个战略性有利条件"，深刻揭示了党和国家事业之所以取得成功的重要原因，为我们在新形势下深入理解党的历史经验提供了思想指引。

什么是"五个必由之路"？

2022 年 3 月 5 日，习近平总书记在参加十三届全国人大五次会议内蒙古代表团审议时，鲜明提出"五个必由之路"的重大论断。

一、坚持党的全面领导是坚持和发展中国特色社会主义的必由之路；

二、中国特色社会主义是实现中华民族伟大复兴的必由之路；

三、团结奋斗是中国人民创造历史伟业的必由之路；

四、贯彻新发展理念是新时代我国发展壮大的必由之路；

五、全面从严治党是党永葆生机活力、走好新的赶考之路的必由之路。

什么是"五个战略性有利条件"?

2022年3月6日,习近平总书记在参加全国政协十三届五次会议农业界、社会福利和社会保障界委员联组会时,深刻阐明我国发展具有"五个战略性有利条件"。

一、有中国共产党的坚强领导;

二、有中国特色社会主义制度的显著优势;

三、有持续快速发展积累的坚实基础;

四、有长期稳定的社会环境;

五、有自信自强的精神力量。

观察时代、把握时代、引领时代的思想武器。当今时代正经历着大发展大变革大调整,确定性因素和不确定性因素相互交织,传统安全问题和非传统安全问题叠加出现,可以预见的风险和难以预见的风险接踵而来,使我们前所未有地置身于复杂环境之中。这就需要我们从历史中获得启迪、从经验中寻求智慧,炼就洞若观火的"火眼金睛",从而正确判断形势、科学预见未来、把握历史主动,以更清晰的方位感和时代感推动事业发展。

赢得主动、赢得优势、赢得未来的根本遵循。马克思曾经极而言之,只有一门科学,那就是历史学。从这个意义上说,历史学就是现实学、未来学。今天的很多事情可以在历史上找到影子，历史上发生的很多事情也可以作为今天的镜鉴。1939年，毛泽东同志总结革命斗争经验，把统一战线、武装斗争、党的建设概括为克敌制胜的"三大法宝"，对我们党取得新民主主义革命胜利发挥了重要作用，至今仍然有着重要的时代价值。党的历史经验都是经过实践检验、行之有效的法则，想问题、作决策、办事情要把它作为依据，善于从历史经验中汲取丰厚滋养，增强推动事业发展的定力、魄力、能力。

方向问题、原则问题、是非问题的判断依据。十条历史经验，短短60个字，是党的性质宗旨、方向原则、初心使命、政治本色的集中体现，是党百年历史精华之所在、要义之所在。中国共产党之所以有自己独特气质和鲜明品格，最根本的就是有这十条经验的本质规定性，偏离了这些重大原则，就会犯方向性、原则性错误。无论什么时候，无论什么情况下，都要自觉把党的历史经验作为判断重大政治是非的标准，自觉对标对表、找齐看齐，确保立场不移、方向不偏。

政治觉悟、思想境界、道德水平的重要指引。党的历史是最生动、最有说服力的教科书，是最丰富、最有生命力的营养剂。十条历史经验，就是加强党性修养的指南针、坚定理想信念的磨刀石、提高思想政治觉悟的导航仪。学习党的历史，就要深刻领会历史经验的精神内涵，把学史明理、学史增信、学史崇德、学史力行结合起来，把改造主观世界和改造客观世界统一起来，传承红色基因、赓续红色血脉、弘扬红色传统，走好新时代长征路。

世纪的钟声，回荡着百年的思考。繁华散去、斯音已远，让人余韵绕梁、回味悠长的，往往不是黄尘古道上慷慨激烈的刀光剑影、鼓角争鸣，而是历史天空中触动心灵的道理哲思、智慧真谛。当我们以崇敬的心情重温党的历史，以虔诚的态度领悟党的经验，就能强烈感受到内心的无比澎湃和脚下的无穷力量。

深度阅读

1.习近平：《以史为镜、以史明志　知史爱党、知史爱国》，《求是》2021年第12期。

2.《中国共产党历史学习百问》，学习出版社2021年版。

12

遍数风流还看今朝

——新时代的中国共产党是什么、要干什么？

"一心中国梦，万古下泉诗。"一个多世纪以来，中国人民一直有一个梦想，就是彻底摆脱黑暗屈辱的历史，实现中华民族伟大复兴。这是一个大党的雄心壮志，这是一个大国的希冀热望。过去的一百年，不论我们付出多少努力，不论我们经历多少苦难，不论我们取得多少成就，都是为了遇见一个更好的中国，都是为了中国人民开启美好的未来，都是为了中华民族驶向复兴的彼岸。

挥别雄关漫道的一百年，迎接长风破浪的新航程。今天，中国共产党团结带领中国人民豪情满怀、意气风发，踏上了实现第二个百年奋斗目标新的赶考之路。前进道路上，只要心中有梦、眼中有光，纵然风雨交加，哪怕惊涛骇浪，都阻挡不了中华民族实现伟大复兴的铿锵脚步。以梦想为岸、以旗帜掌舵、以信仰作帆、以奋斗划桨，在浩荡的新时代东风中，向着下一个光辉的百年启航。

一 鸿图凌云志　勇毅启新程

"认识你自己"，是从久远时期先贤哲人就开始一直追问的话题，伴随着人类认识自身和外界的全过程，是关于人生本原、目的、意义的哲学命题。中国共产党是什么、要干什么，也是关于建党目的、意义、价值的本原问题，贯穿于党奋斗的全部理论和实践过程，体现在党为民族、为国家、为人民的一切历史活动中。这是建党时发下的至伟宏愿，是用党的全部行动去兑现的崇高价值。

时间是最好的试金石，检验着一个政党对初心的坚守、对使命的坚持。一百年来，为了民族的复兴和人民的幸福，一代代中国共产党人矢志不渝、前赴后继。无数先辈尽管知道自己看不到民族复兴的那一天，但他们义无反顾捐身躯、舍生死，无怨无悔献青春、献子孙，无惧无畏闯关隘、开新路，甘作铺路石、愿为登攀梯，用尽自己的全部力量只为推动伟大事业向前一程。靠着这样的坚韧信念和执着、靠着这样的不懈奋斗和努力，中华民族复兴的历史伟业不断推向前进，展现出前所未有的光明前景。

今天，我们在中华大地上全面建成小康社会，实现了第一个百年奋斗目标，朝着实现中华民族伟大复兴迈出了坚实的一大步。展望未来，距离实现第二个百年奋斗目标，还有不到30年的时间，还有两个阶段性目标任务需要完成。2035年我国将基本实现社会主义现代化，本世纪中叶我国将建成社会主义现代化强国，到那时，中华民族将以更加雄浑的气象、更加巍峨的姿态屹立于世界文明之巅。

广东大埔放大"红色+"效应让党史学习教育有声有色

广东省大埔县立足革命老区特色，通过"红色+阵地""红色+文艺""红色+实践"，盘活一个个红色资源，嵌入一堂堂红色课程、一场场党史宣讲、一部部文艺作品，用活资源打造新亮点，讲好故事打造新经典，办好实事共享新成果。图为该县红色交通线展厅成为党史学习教育"网红打卡地"。

难走的路是上坡路，登顶前的冲刺最艰辛。现在，我们比历史上任何时期都更接近、更有信心和能力实现中华民族伟大复兴的目标，但绝不是轻轻松松、敲锣打鼓就能实现的，前进道路上必定风雨密布、雷电交加，面临的风险和考验前所未有。向外看，敌对势力对我国的打压和阻挠，将伴随着中华民族走向复兴的全过程，他们将千方百计进行围堵和遏制；向内看，发达国家在几百年中出现的一些问题在中国几十年内集中爆发，矛盾的复杂性和尖锐性可想而知，解决起来的难度不言而喻。这是实现民族复兴绕不过去的一道坎。今天的中国，正经历着彩虹前的疾风骤雨，更进一步、更上一层，我们就能领

略到中华民族碧空如洗的大美苍穹。

河出潼关，因太华之阻而增其奔涌；风回三峡，因巫山为隔而显其怒号。千百年来，中华民族承受了太多的苦难，但没有任何一次苦难能打垮我们，反而推动了这个伟大民族精神、意志、力量的一次次升华。坚韧不屈的中华民族，有着同一切困难斗争到底的气概，有着光复旧物再创辉煌的决心。她饱含着太多太多的渴望，积蓄了太久太久的能量，要爆发出来去创造中华民族伟大复兴的尖峰时刻。

二 立命为生民 一切为共富

现在，我们党高度重视共同富裕问题，把它作为实现全面小康之后一个重要目标大力度推进。对此，社会上普遍衷心拥护和认同，但也有人产生疑问，有人说"共同富裕是一个世界性难题，发达国家没有解决好，我国也很难解决"，还有人说"以前我们也搞过共同富裕，最后牺牲了效率维持了低水平的公平，导致了共同贫穷"。如果我们从党的性质宗旨和党的历史上作一番分析，就会对这些错误观点有更清醒透彻的认识，就会对我们党实现共同富裕有更全面深入的理解。

"救民于水火，解民于倒悬。"中国共产党因人民而生、因人民而兴，无论是干革命、搞建设、促改革，还是救国、兴国、强国，都是为了让全体人民过上好日子。一部中国共产党的历史，就是一部实现人民对美好生活向往的奋斗史。战争时期，党领导人民打土豪、分田地，抗日寇、反侵略，灭蒋匪、谋解放，目的就是推翻三座大山的压迫，建立一个人人平等的新国家、新社会。和平年代，党领导人民重整山河、奠基立业，改革进取、攻坚拔寨，守正创新、砥砺奋进，目的就是不断夯实社会主义中国的物质基础，让全体人民享有更加富裕、更加幸福的生活。

回望百年历史，中国共产党的历史伟业是人民创造的，共和国的巍峨大厦也是人民一砖一瓦垒起来的。正是有了人民之中蕴含的深厚力量，我们党才有了"试看天下谁能敌""天翻地覆慨而慷"的豪情和底气。人们常说，延安红色政权是陕北人民用小米哺育出来的，淮海战役的胜利是人民用小车推出来的，农村改革是小岗村 18 位村民"冒死"摁红手印开启的，

苏南模式探索了乡镇企业发展的典型经验

苏南模式，由社会学家费孝通在 20 世纪 80 年代初率先提出，指的是江苏南部的苏州、无锡、常州和南通等地农民依靠自己的力量，发展乡镇企业实现非农化发展的方式。

图为 1986 年的无锡第二针织内衣厂车间。

数字经济、共享经济、网购经济蓬勃兴起

乡镇企业是苏南群众在改革大潮中摸索出来的，新时代数字经济、共享经济、网购经济的新业态新模式是亿万网民推动兴起的。今天，国家发展的大好局面是人民用双手开创的，发展的成果也理应由全体人民来共享。

共同富裕是人类社会发展的美好目标。千百年来，人们无数次憧憬这样的好生活，但在阶级社会条件下从来没有实现过。在奴隶社会和封建社会，由于生产力水平低下，实现共同富裕既无主观可能，也不具备客观条件。到了资本主义社会，社会财富呈几何级数增长，但资本决定了财富分配的流向，工人被剥削的状况永远也不可能改变。只有在社会主义社会，共同富裕作为本质要求和题中应有之义，所有的努力，都是为了实现这一目标。

今天，我们党之所以突出强调共同富裕，既是由价值立场决定的，也是经济社会发展的现实需要。现在，随着我国全面建成小康社会，在高质量发展中促进共同富裕，已经成为全面建设社会主义现代化国家的重要任务。一方面，我们要做大做好"蛋糕"，进一步解放和发展生产力，不断创造和积累社会财富；另一方面，我们要切好分好"蛋糕"，通过合理制度安排处理好增长和分配的关系，解决好发展不平衡不充分的问题，激发人民的创造活力，为我国发展迈向更高阶段注入强大驱动力。

三 居安不忘危　风光在险峰

忧患意识，是一种立足但又超越现实状况，对可能发生的危机进行预判和防范的思想活动。几千年来，忧患意识深深融入中华民族的血脉中。《周易》"安而不忘危，存而不忘亡，治而不忘乱"，孟子"生于忧患，死于安乐"，范仲淹"先天下之忧而忧，后天下之乐而乐"，朱熹"危惧故得平安，慢易则必倾覆"……这些古代名言警句，无不透出自古以来中国人刻在骨子里的精神气质，生动诠释着中华民族自强不息、绵延不绝的生命之魂。

中国共产党诞生于民族内忧外患之际，成长于磨难挫折之中，壮大于战胜风险挑战之中，天然就具有强烈的忧患意识和风险意识，自觉从历史兴替、事业成败中吸取经验教训，始终

甲申对、窑洞对、赶考对

——甲申对，是指抗日战争时期毛泽东同志与郭沫若的笔谈。1944年3月，郭沫若撰写的阐释明朝和大顺政权灭亡教训的文章《甲申三百年祭》，在重庆《新华日报》发表。在延安的毛泽东同志看后表示赞赏，告诫全党同志要引为鉴戒，不要重犯胜利时骄傲的错误。同年11月，毛泽东同志致信郭沫若，"你的《甲申三百年祭》，我们把它当作整风文件看待"，"你看到了什么错误缺点，希望随时示知"。

——窑洞对，是指毛泽东同志与民主人士黄炎培的一次著名会谈。1945年7月，黄炎培来到延安有感而发，希望中国共产党找出一条新路，跳出历史周期率的支配。毛泽东同志说，我们已经找到新路，我们能跳出这周期率。这条新路，就是民主。只有让人民来监督政府，政府才不敢松懈。只有人人起来负责，才不会人亡政息。

——赶考对，是指毛泽东同志与周恩来同志进北平前的一段对话。1949年3月23日，中共中央从西柏坡起程前往北平时，毛泽东同志说："今天是进京的日子，进京赶考去。"周恩来同志笑着回答："我们应当都能考试及格，不要退回来。"毛泽东同志说："退回来就失败了。我们决不当李自成，我们都希望考个好成绩。"

保持清醒警觉。在党的历史上，有过3次传为美谈的著名对话，甲申对、窑洞对、赶考对，其要旨就是告诫全党"不当李自成"，"跳出历史周期率"。今天，我们重温历史、思考当下、谋划未来，这些谆谆教诲犹在耳畔、耐人寻味。

现在，中国共产党已经全国执政 70 多年，中华民族伟大复兴进入长周期上升的历史通道，但今天我们面临的风险挑战，从复杂程度、波及范围、剧烈振幅来看，比过去任何一个时期都要深刻、广泛、强烈。有显在风险，也有潜在风险，有一般风险，也有重大风险。重大风险包括来自国内的经济、政治、意识形态、社会风险以及自然界风险，也包括来自国外的经济、政治、外交、军事风险等。这些风险相互影响、相互传导，彼此联动、共同作用，使风险的乘数效应急剧放大，预判和应对起来难度空前增大。

特别是随着人类文明的飞速发展，人们交往活动日益频繁，经济联系愈加密切，信息互联越发紧致，社会发展的组织化、一体化、系统化特征更加凸显。有学者提出，现代社会已进入"风险社会"，虽然人类整体能力增强了，但面临的风险也被放大了。目前肆虐全球的新冠肺炎疫情就是活生生的明证。在现代科技和医学高度发达的今天，疫情传播速度之快、扩散范围之广、持续时间之长、影响程度之深，是始料未及的，也是无法预判的。面对此起彼伏的疫情，面对被打乱的生活，大家都在问疫情什么时候结束，但没有人能给出准确的回答。这或许让人们对人类社会日益增加的共同挑战、日益紧密的共同命运有了更清醒、更深刻的认识。

"生年不满百，常怀千岁忧。"中国共产党已经走过了百年，只有慎终如始、常怀忧患，才能确保江山永固、国运昌盛，最终成就千秋伟业。习近平总书记强调的"四个不容易"意味深长、发人深省，号召全党要警觉起来，始终保持忧患意识和危机意识。踏上民族复兴向上攀升的新路程，我们党只有保持越是艰险越向前的英雄气概，有效应对尖锐复杂的"四大考验""四种危险"，以一往无前的奋斗姿态勇猛精进，才能领导人民跨过一道道沟壑、征服一座座高山，抵达无限风光的极美险峰。

我辈长缨在手，何惧风雨沧桑。站在历史高点上极目远眺，伟大复兴征途如虹、气吞山河，令人热血沸腾、心潮澎

什么是"四个不容易"？

2018年1月5日，习近平总书记在新进中央委员会的委员、候补委员和省部级主要领导干部学习贯彻习近平新时代中国特色社会主义思想和党的十九大精神研讨班开班式上提出"四个不容易"。

一、功成名就时做到居安思危、保持创业初期那种励精图治的精神状态不容易；

二、执掌政权后做到节俭内敛、敬终如始不容易；

三、承平时期严以治吏、防腐戒奢不容易；

四、重大变革关头顺乎潮流、顺应民心不容易。

湃，伟大事业道阻且艰、山高水远，让人厉兵秣马、斗志昂扬。荣耀已经铸就，未来正在创造，历史永远眷顾奋斗者、拼搏者、奔跑者。行动起来，胜利属于英雄的新时代中国共产党人和中国人民。

深度阅读

1.习近平：《用好红色资源　赓续红色血脉　努力创造无愧于历史和人民的新业绩》，《求是》2021年第19期。

2.《习近平在中央党校（国家行政学院）中青年干部培训班开班式上发表重要讲话强调　筑牢理想信念根基树立践行正确政绩观　在新时代新征程上留下无悔的奋斗足迹》，《人民日报》2022年3月2日。

13

风鹏正举扶摇直上

——新征程上如何以史为鉴、开创未来？

历史之思，世纪回想。100 年前，因为中国共产党，中华民族复兴之路才充满意义、大道疾行，自此开启"一百年来我著史"的豪迈华章；100 年后，因为中国共产党，中华巨龙腾飞之路才充满能量、驭风而行，恢宏呈现"九万里上冲云霄"的壮志豪情。百年大党历尽千帆，仍是风华少年，身后是先辈希冀的目光，前方是民族托付的希望，脚踏着祖国的大地，势不可挡走在复兴的大路上。

我们的征途是星辰大海，我们的脚下是行者无疆。身处历史风口，躬逢伟大盛世，9500多万名中国共产党人意气风发、奋勇争先，14亿多中国人民锐意进取、活力四射，960多万平方公里神州热土生机勃发、欣欣向荣，积聚起千里奔腾、万壑归流的磅礴伟力，推动民族复兴的滚滚洪流冲开绝壁、夺隘而出，以排山倒海的势能朝着胜利的彼岸强劲奔涌。

一 从历史深处走来

历史犹如一条长长的时空隧道，从过去走来、映照着当下、向未来奔去，是前人知识、经验和智慧的"百科全书"，是一个民族、一个国家独特的文化记忆和精神基石。马克思说："一切已死的先辈们的传统，像梦魇一样纠缠着活人的头脑。"历史的联系无法割断，人们总是在继承前人的基础上向前发展的。古今中外，概莫能外。

中国历史一脉承续、从未中断，一直绵延到今天。中华文明5000多年、中国共产党100年、新时代10年，这一个个极具标识性意义的历史时间，塑造了一个传统悠久而又活力迸发的民族，淬炼了一个饱经沧桑而又青春永驻的大党，成就了一个快速攀升而又行稳致远的大国，勾勒出当代中国人的"大历史观"，熔铸了我们这个政党、这个国家、这个民族最有理由自信的强大底气。

深沉的历史自信，从5000多年中华文明史中来。中华民族是世界上具有最深厚历史记忆的民族，也是最重视文字记录历史的民族，我们流传下来的各种历史文化典籍浩如烟海，其丰富和完备的程度，没有任何一个民族和国家可以相媲美。2000多年前发生的事，很多都能精确到某天甚至某个时辰，这恐怕只有中华民族能做到。这样辽远而深邃的历史积淀，滋养着这片土地上的人们丰富深厚的内心世界，形成了具有强烈自豪感和高度归属感的历史认同，孕育了当代中国人在历史中不断开创未来的精神力量。

深沉的历史自信，从100年中国共产党奋斗史中来。漫长的中华民族史，总体是连续上升的，但也是跌宕起伏、曲折向前的。中国共产党这100年，就经历了民族和国家大落大起的历史阶段，从跌入低谷，到逐步爬升，再到大幅跨越，是中华民族几千年虽历经千般苦难而愈挫愈勇的浓缩史。从这部伟大的奋斗史和复兴史中，我们读出了中国共产党对民族和国家的

推动党史学习教育常态化长效化

2022年3月，中共中央办公厅印发《关于推动党史学习教育常态化长效化的意见》，要求各地区各部门进一步推动深入学习贯彻习近平新时代中国特色社会主义思想和党的十九届六中全会精神，巩固拓展党史学习教育成果，更好用党的百年奋斗重大成就和历史经验增长智慧、增进团结、增加信心、增强斗志，更加坚定自觉地牢记初心使命、开创发展新局，在新的赶考之路上考出好成绩。

辽宁大连"云端"奉上"党史大餐"

辽宁省大连市通过激活全市党员思想教育基地、革命遗址遗迹等红色资源，创新推出党史学习教育线上教学小程序"红色地图"。党员群众动动手指，就能一站式云端参观20余家红色阵地，探访重要党史事件发生地，观看党史展览，线上打卡拍照，增加学习的互动性、趣味性和参与性。图为该市"红色地图"中的旅顺博物馆。

责任与担当，读出了中华民族对文明和历史的赓续与光大。这样激荡而壮阔的非凡历史，增强了人民对中国共产党的衷心信赖和拥护，增强了对中华民族的坚定自信和认同。

深沉的历史自信，从10年新时代伟大进程中来。历史发展的紧要处，往往只有几步。新时代的10年，是民族复兴伟业、国家发展进步、人民生活水平大幅度提高的时期。千年小康梦成为现实、绝对贫困问题在中华大地历史性地解决、反腐败斗争取得压倒性胜利并全面巩固、环境污染得到根本遏制……在如此短的时间内完成这些伟大壮举，不仅在中华民族、中国共产党历史上具有决定性意义，而且在人类社会发展史上也是值得大书特书的。生活在这个时代的中国人民，能够有幸亲身见证和参与创造伟大历史，是多么地自豪和光荣。

"自信人生二百年，会当水击三千里。"经历数千年的中华民族、穿越世纪的中国共产党，从遥远的时间古道中走来，带着悠久历史的深沉自信、璀璨文化的高度自觉，在 21 世纪世界文明发展的大舞台上，必将演绎出风华绝代的中国精彩。

二 迎盛会继往开来

在中华民族历史进程中，某些年份因为特殊的大事件，而具有极为不平凡的意义。2022 年，是党和国家事业发展中极

黑龙江齐齐哈尔"两个中心"联手打造
党史学习教育主阵地

2021 年 2 月起，黑龙江省齐齐哈尔市统筹整合基层综合性文化服务载体，发挥新时代文明实践中心和融媒体中心的作用，构建起"文明实践融媒体"模式，通过主题展览、电影展播、舞台展演、经典诵读、理论宣讲等形式开展活动，构建"体验式、沉浸式、流动式"党史学习课堂，推动党史学习教育走深走实。图为该市志愿者为民族群众进行党史学习教育双语宣讲。

西藏巴宜"量体裁衣"打造红色讲解员队伍

西藏自治区林芝市巴宜区结合本地实际和需求，围绕政治素质、专业素养和实践能力提升，通过"专题讲座＋现场观摩＋情景演练"模式开展培训，打造一支过硬的县、乡、村三级红色讲解员队伍，为红色研学主题教育联展馆提供讲解队伍保障。图为该区红色讲解员为参加党史学习教育实地考察的干部进行讲解。

端重要的一年。我们党将召开中国共产党第二十次全国代表大会，这是党和国家政治生活中的一件大事，是全党全国各族人民的历史性盛会。14亿多中国人民满怀期待，国际社会高度关注，中国共产党将如何制定未来五年乃至更长时间的施政纲领，党的二十大将带给世人一个什么样的中国。

在隆重庆祝党的百年华诞之后，我们以无比振奋的心情憧憬党的二十大，翘首以盼这一继往开来的历史时刻。喜迎党的二十大，需要我们在回顾历史、总结经验中汲取力量和智慧，把庆祝建党百年激发出来的爱党爱国爱社会主义热情持续下去，把团结奋斗的精气神振奋起来，在全党全社会形成自信自强、奋发奋进的浓厚氛围。

亿万人民对坚持党的领导、领航强国征程充满信心。事实最有说服力，人民最有发言权。中国共产党是中华民族和中国人民当之无愧的领导者，这是从历史和实践中得出的科学结论。过去100年，从近代以来各种政治力量中脱颖而出的中国共产党，领导国家和人民走出命运的低谷，实现了从落后时代到赶上时代再到引领时代的惊天跨越，特别是新时代实现了党和国家事业的历史巨变。在历史回望和现实比较中，人民对中国共产党领导衷心拥护和认同，对新时代党的核心、人民的领袖发自内心地爱戴和敬仰。

亿万人民对走好中国道路、迈向民族复兴充满信心。道路决定命运。"革命党是群众的向导，在革命中未有革命党领错了路而革命不失败的。"中国共产党领导人民在长期的探索和奋斗中，成功开创和发展了中国特色社会主义，走出了中国式现代化道路，使民族复兴朝着正确的方向不断前进。党的二十大将对中国道路、现代化建设作出新的更为清晰、更为具体的战略谋划，必将为民族复兴事业提供明确指引、注入强劲力量。

亿万人民对推动高质量发展、实现综合国力新的跃升充满信心。当前，世界变局演进更加剧烈，国际上不稳定性不确定性明显增多，我国改革发展进入关键阶段，国内发展面临多年未见的新情况新问题，内外部都是"压力山大"。但党的坚强领导、显著的制度优势、雄厚的物质基础、稳定的社会环境、自信的精神力量、旺盛的创新创造活力，都为保持我国良好发

"奋进新征程　建功新时代"大型主题采访活动

2022年2月,中宣部启动"奋进新征程　建功新时代"大型主题采访活动,通过广泛深入采访报道,生动展现新时代的原创性思想、变革性实践、突破性进展、标志性成果,激励人们意气风发地奋进新征程、建功新时代。图为大型主题采访活动启动仪式分会场。

展势头、向更高发展阶段跃升提供强大动力和后劲。人们有理由相信,党的二十大将会立足我们面临的问题,作出有针对性的安排和部署,必将引领国家发展在危机中育新机、于变局中开新局。

三 团结奋斗向未来

在2022年新年贺词中,习近平总书记深情回顾了中国共产党百年奋斗的光辉历程,着眼实现中华民族伟大复兴的宏伟目标,殷切寄语全党全国各族人民:让我们一起向未来。

复兴中的民族、行进中的中国,前景可期、大有可为。"黄金时代,不在我们背后,乃在我们面前,不在过去,乃在将来。"今日之中国，无论是民族、国家还是普通的劳动者、建设者，黄金时代的大幕已经拉开，奋进新征程、建功新时代的号角已经吹响。

我们是冲锋在一线的共产党员，是离开最晚的那一个，是开工最早的那一个，是想到自己最少的那一个，是坚守到最后的那一个，是行动最快的那一个，是牵挂大家最多的那一个。

我们是忙碌在各条战线上的工人，是走街串巷、风雨无

阻的快递小哥，是清洁道路、装扮城市的环卫师傅，是头顶骄阳、挥汗如雨的民工兄弟，是技术娴熟、精益求精的产业蓝领，是一颗颗链接"大国制造"的螺丝钉。

我们是在田野上播撒希望的新型农民，是确保中国人的饭碗主要装中国粮的辛勤耕耘者，是望得见山、看得见水、记得住乡愁的麦田守望者，是致力于产业兴旺、生态宜居、乡风文明、治理有效、生活富裕的乡村振兴者，是容得下肉身、留得下灵魂的安居乐业者。

我们是勇攀科技高峰的科研工作者，是遨游浩瀚太空的"出差三人组"，是攻克"卡脖子"技术的科技尖兵，是"坐得住板凳、耐得住寂寞、经得住诱惑"的基础研究者，是向科技强国迈进的前沿领风者。

我们是"身前是边关哨所、身后是万家灯火"的解放军指战员，是"清澈的爱，只为中国"的最可爱的人，是"守护

"岁月静好"最负重前行的人，是大灾大难面前最先冲锋的人，是"舍小家、为大家"最可敬的人，是誓死保家卫国最有血性的人。

我们是"青春向党、不负人民""复兴栋梁、强国先锋"的青年学生，是牢记党的教诲、立志民族复兴的新一代，是扣好人生每一粒扣子的新一代，是到祖国最需要地方去的新一代，是把人生理想融入国家命运的新一代，是拒绝"躺平"、拒绝"内卷"的新一代，是不负韶华、不负时代、堪当重任的新一代。

我们还是"逆行出征"的白衣战士、"冰雪驰骋"的运动健儿、"守护希望"的人民教师、"赴汤蹈火"的消防人员、"心怀大爱"的社区志愿者……

千千万万奔跑着的奋斗者，不一样的姿态和表情，一样的拼搏和梦想，发出一个个催人奋进的时代强音、定格一个个感动至深的精彩瞬间、演绎一个个平凡大爱的动人故事，以沧海一粟汇成滚滚洪流，以滴水之晶反射太阳光辉。或许我们每个人的力量只是一个小数，但乘以 14 亿，就能聚合成新时代中国筑梦未来的磅礴力量。

过去已去，未来已来。我们已经被历史所书写，我们必将书写新的历史。我们坚信，在过去一百年赢得了伟大胜利和荣光的中国共产党和中国人民，必将在新时代新征程上赢得更加伟大的胜利和荣光！

深度阅读

1.《国家主席习近平发表二〇二二年新年贺词》，《人民日报》2022 年 1 月 1 日。

2.习近平：《以史为鉴、开创未来　埋头苦干、勇毅前行》，《求是》2022 年第 1 期。

3.习近平：《在庆祝中国共产主义青年团成立 100 周年大会上的讲话》，《人民日报》2022 年 5 月 11 日。

后　记

参加本书起草和修改工作的有：张首映、郭广银、何亦农、季正聚、张博颖、林文勋、胡智锋、张政文、韩喜平、郑萼、樊伟、赵义良、辛向阳、颜晓峰、曹建文、胡前安、双传学、李仰智、张瑞才、张桥贵、李楠、赵勇富、曾维伦、王德强、喻立平、李晨阳、贺祖斌、张际、陈培永、杨生平、张垚、邱吉、刘伟、戴世平、殷晓元、彭庆红、杨建军、字振华、高天琼、熊卫松、蒋旭东、刘晓哲、杨小强、陈瑞来、王建平、吴功铭、陈璐、雷化雨、晏然、李倩、叶海涛、程京武、张明明、郭海军、沈静慧、冷兰兰、常培育、陈黎维、梁冰、王海威、李秀梅、陈学强、颜旭、谢锋、王海涛、钟慧容、孙贺、张含、李琦、严星、陈新剑、吴俊、刘岩、朱梦君、向征、陈谦、孙君镕、乔茂林、陈有勇、李念、陈瑶、张瑜、魏晓敏、董晴、熊文景、韩翌旸、崔晓丹、韩绮颜、韩祥宇、杨与时、姜如雪、罗淇、陈思丞、叶山·叶尔布拉提、张兆涵、周勇平、李钰、奚佳梦、瞿杨、廖伊凡、杨慧聪、林修能等同志。侯军、谢祥、陈巧泉、李紫宸同志自始至终参加了调研、起草、修改和统稿工作。徐李孙、何成同志主持本书的编写工作。

本书在编写过程中，得到了中央有关部门和部分单位负责同志以及专家学者的大力支持。中央组织部、中央党校（国家行政学院）、中央党史和文献研究院、人民日报社、国家发展改革委、新华社、求是杂志社、光明日报社、经济日报社、中国社科院、国务院发展研究中心等部门和单位参与编写工作，怀进鹏、胡和平、庹震、傅华、谢伏瞻、甄占民、黄一兵、王均伟、夏伟东、王慧敏、姜辉、靳诺、曲爱国、邵文辉、张宏等同志提出了宝贵意见。孙业礼同志审改了全部书稿。

编　者
2022 年 5 月

图书在版编目（CIP）数据

百年大党面对面：理论热点面对面·2022 / 中共中央宣传部
理论局编 . -- 北京：学习出版社：人民出版社，2022.5（2022.6 重印）
ISBN 978-7-5147-1157-8

Ⅰ . ①百… Ⅱ . ①中… Ⅲ . ①中国共产党—党的建设—
学习参考资料 Ⅳ . ① D26

中国版本图书馆 CIP 数据核字（2022）第 069006 号

百年大党面对面——理论热点面对面·2022
BAINIAN DADANG MIANDUIMIAN——LILUN REDIAN MIANDUIMIAN·2022
中共中央宣传部理论局

责任编辑：边　极　任　民
技术编辑：胡　啸　刘　硕
装帧设计：美　威
封面设计：朱梦君

出版发行：学习出版社　人民出版社
　　　　　北京市崇外大街 11 号新成文化大厦 B 座 11 层
　　　　　010-66063020　010-66061634　010-66061646
网　　址：http://www.xuexiph.cn
经　　销：新华书店
印　　刷：北京瑞禾彩色印刷有限公司
封面印刷：北京盛通印刷股份有限公司

开　　本：710 毫米 ×1000 毫米　1/16
印　　张：13.5
字　　数：129 千字
版次印次：2022 年 5 月第 1 版　2022 年 6 月第 2 次印刷

书　　号：ISBN 978-7-5147-1157-8
定　　价：26.80 元

　　出版物版权追溯码位于本书封底，请扫码验证真伪，举报盗版行为一经核实予以
奖励。如有印装错误，请与本社联系调换，电话：010-67081356。